固本培元　卓越引领

——教育部全国职业院校技能大赛高职组西餐宴会服务赛项成果展示2017

全国旅游职业教育教学指导委员会　主编

北京·旅游教育出版社

《固本培元　卓越引领》编委会

编委会主任：计金标
编委会成员：韩玉灵　周春林　姜玉鹏　黄明瑞　张宁东
　　　　　　周　旺　汪京强

执 行 主 编：匡家庆（南京旅游职业学院）
执行副主编：吴言明（南宁职业技术学院）
本 书 审 稿：匡家庆
编辑组成员：卢　睿（南宁职业技术学院）
　　　　　　秦　鹏（南宁职业技术学院）
　　　　　　何兰兰（南宁职业技术学院）
　　　　　　方　堃（南宁职业技术学院）
　　　　　　田　园（南京旅游职业学院）
　　　　　　丁　鑫（华侨大学旅游学院）
　　　　　　刘文娟（华侨大学旅游学院）
　　　　　　邢宁宁（漳州职业技术学院）
　　　　　　孙希瑞（安徽商贸职业技术学院）

前　言

全国职业院校技能大赛，是由中华人民共和国教育部发起，联合国务院有关部委、行业和地方共同举办的一项全国性职业教育学生参加的活动。自 2008 年以来，经过多年努力，大赛的规模与内涵不断扩大，全国各个省、自治区、直辖市和计划单列市积极参与，已经发展成为专业覆盖面最广、参赛选手最多、社会影响最大、联合主办部门最全的国家级职业院校技能赛事，成为中国职教界的年度盛会。

改革开放以来，随着中国酒店业国际化程度逐年提高，大量国际知名酒店品牌进入中国市场，对高技能、高素质西餐服务人才的需求不断增加，在这样的时代背景下，我们策划设计了"西餐宴会服务"赛项，并于 2013 年将其与"中餐主题宴会设计"、"导游服务"赛项一道列入国家旅游局主办的旅游类职业院校学生参加的三大赛项。本赛项的设计，侧重展示参赛选手西餐服务的基本操作技能，强调操作的规范化、职业化特点，检验选手服务技能的综合运用能力、创新能力和语言表达能力。旨在通过比赛，推动高职院校对于行业急需的技能型、高素质酒店服务人才的培养模式的改革，引领和促进高职旅游专业教育教学改革。

2017 年全国职业院校技能大赛（高职组）西餐宴会服务赛项由南宁职业技术学院承办。在大赛承办过程中，该校严格遵循大赛的相关文件要求，在大赛、分赛区组委会的领导下，在赛项执委会的指导下顺利、圆满完成大赛的组织工作，为全国参赛院校、专家、教师、学生及观摩者们呈现了一场视觉盛宴。

本赛项比赛内容以西餐宴会服务为主，调酒服务为辅，涵盖西餐宴会摆台、台面创意设计、菜单设计制作、餐巾折花、斟酒、调酒、西餐服务英语运用等。比赛分三部分，即仪表仪态、现场专业技能比赛（摆台、调酒）、英语台面设计介绍。

在竞赛中，选手们基本能在规定时间内完成六人台西餐宴会摆台（包括餐巾折花、斟酒服务），体现出较好的职业素养；选手们基本能在教师的指导下设计并呈现各类宴会主题设计，展现出较强的创新思维能力。但是，放眼全球，我们不难看出，由于西餐服务在我国旅游职业教育中起步较晚，我们的整体水平离国际标准还有差距。这种差距既有观念方面的，也有对操作规范的认知、对操作标准的理解等方面的。为了更好地让我们的指导教师、选手了解西餐宴会服务的基本规范和标准，达到以赛促教的办赛目的，体现以教助产、理论联系实际的办学方向，由全国旅游职业教育教学指导委员会牵头，联合旅游教育出版社，委托南宁职业技术学院、南京旅游职业学院和华侨大学旅游学院编辑了本书，以期能为高职院校酒店管理专业的餐饮教学带来启迪和思考，为行业培训提供参考。

由于时间仓促，疏漏仍在所难免，恳请读者提出宝贵意见。

目　录

项目一　数　据 ··· 1
　　任务1　数说赛事 ·· 3
　　任务2　问题描述 ·· 3
　　任务3　个案分析 ·· 6

项目二　通　识 ··· 9
　　任务1　西餐文化 ··· 11
　　任务2　认知西餐 ··· 20

项目三　竞　技 ·· 31
　　任务1　宴会摆台 ··· 33
　　任务2　英语解说 ··· 52
　　任务3　西餐服务 ··· 58
　　任务4　酒水调制 ··· 67

项目四　评　析 ·· 81
　　任务1　赛前答疑 ··· 83
　　任务2　竞赛评判 ··· 90
　　任务3　赛项点评 ··· 111

项目五　展　示 ·· 127
　　任务1　选手风采 ··· 129
　　任务2　主题台面 ··· 137
　　任务3　自创酒品 ··· 166

附件 ··· 196
   2017年全国职业院校技能大赛（高职组）"西餐宴会服务"赛项评分细则········ 196
   2017年全国职业院校技能大赛赛项规程·································· 206
   2017年全国职业院校技能大赛（高职组）"西餐宴会服务"赛项规程············ 207

项目一 数据

任务1　数说赛事

由国家教育部、国家旅游局等部门共同主办，南京旅游职业学院（2015年、2016年）、南宁职业技术学院（2017年）、全国旅游职业教育教学指导委员会等共同承办的全国职业院校"西餐宴会服务"赛项已成功举办三年。三年中，共有来自全国30个省、自治区、直辖市的代表队，252人次参加了竞赛，其中，获一等奖25人次、二等奖50人次、三等奖75人次。从"固本培元"伊始，竞赛不仅给予参赛队展现风采、获得荣誉和肯定的机会，更是在发现西餐认知、教学、培训中存在的问题，通过赛项成果转化推动问题解决、提升参赛队或整个西餐职业教育教学改革水平中发挥了巨大的引领作用。表现在参赛选手在摆台、调酒技能及英语表达能力上基本呈逐年上升趋势，尤其在摆台及英语方面有了较为明显的能力提升。

表1-1　2015—2017年参赛及获奖情况

年份	参赛代表队（个）	参赛人数（人）	获奖人数（人）	平均分值（100%）			
				摆台	调酒	英语	服务
2015	24	81	48	55	74	66	/
2016	30	91	54	69	74	61	/
2017	28	80	48	80	75	74	83

注：各项成绩统一换算成100分计算（不考虑项目内容变化）

任务2　问题描述

分析2015—2017年西餐宴会各项目成绩情况（表1-2、图1-1），发现各项目成绩及总体成绩基本呈正态分布，说明通过竞赛可以很好地区分出选手的水平，也可以直观地看出参赛队存在的问题。第一，个别选手单项无成绩或个位数成绩，结合比赛现场观察，判断主要原因是选手心理素质较差、个别省份选拔选手失误、指导教师业务素质较低等。第二，在不同项目难度前提下，参赛选手在调酒项目上总体平均表现为中等成绩，在摆台、英语水平等项目上呈现出均提高的状态，总体看来，选手的酒水调制与创新能力没有提升的迹象，进入瓶颈状态。第三，选手对首次开设的席间服务项目总体表现良好，但能够提供令客人满意服务者过少（90分以上1人）。第四，2017年调酒成绩普遍过高，95.2%分布于10~20分（共20分），无法很好地反映选手的水平差异。第五，较之摆台，英语与调酒水平仍需提高，即在继续保持摆台水平的前提下，英语与调酒水平的提升程度可能会影响选手最终成绩。

表 1-2　西餐竞赛各项分数描述

统计量	摆台			英语			服务	调酒			总分		
	2017年	2016年	2015年	2017年	2016年	2015年	2017年	2017年	2016年	2015年	2017年	2016年	2015年
平均值	36.09（80.20%）	34.7（69.40%）	33.25（54.17%）	11.27（75.13%）	6.12（61.2%）	6.60（66%）	16.66（83.30%）	14.78（73.90%）	29.42（73.55%）	22.21（74.03%）	78.81	70.24	62.06
标准差	3.89	5.8	7.7	2.05	1.62	1.38	2.32	2.02	4.5	2.3	7.8	9.89	9.2
最小值	25.8（57.33%）	0	17.2（28.67%）	4.33（43.30%）	0	2.83（28.30%）	5（25%）	7.5（37.50%）	18.49（46.25%）	15.9（53%）	57.62	18.49	46.43
最大值	42.57（94.60%）	44.1（88.20%）	54.6（91%）	14.17（94.50%）	9.1（91.10%）	8.97（89.7%）	19.55（97.75%）	17.9（89.50%）	35.36（88.40%）	26.5（88.33%）	93.72	87.36	89.3

备注：2017年摆台、调酒、服务、英语各项分数配比分别为45、20、20、15；2016年摆台、调酒、英语各项分数配比分别为50、40、10；2015年摆台、调酒、英语各项分数配比分别为60、30、10。实际得分同时转换成百分比，便于比较

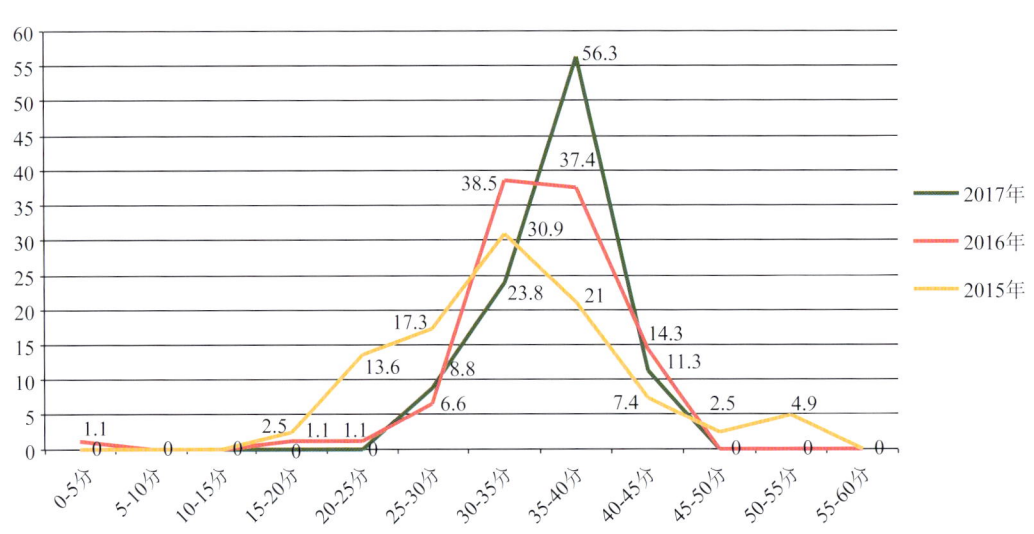

（1）西餐宴会服务竞赛摆台成绩分布百分比

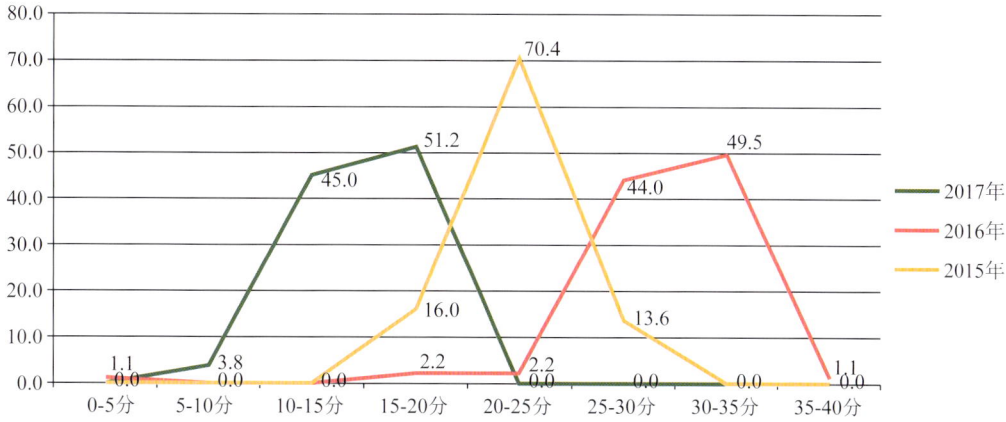

（2）西餐宴会服务调酒成绩分布百分比

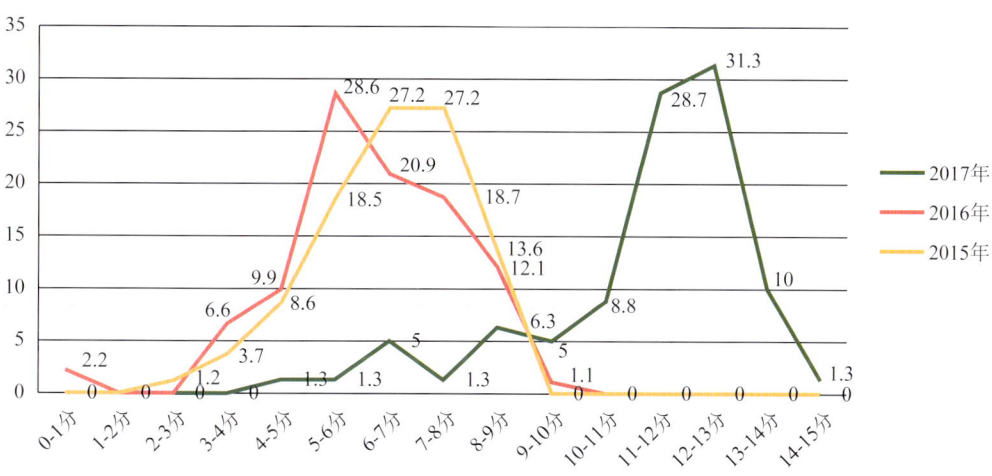

（3）西餐宴会服务英语成绩分布百分比

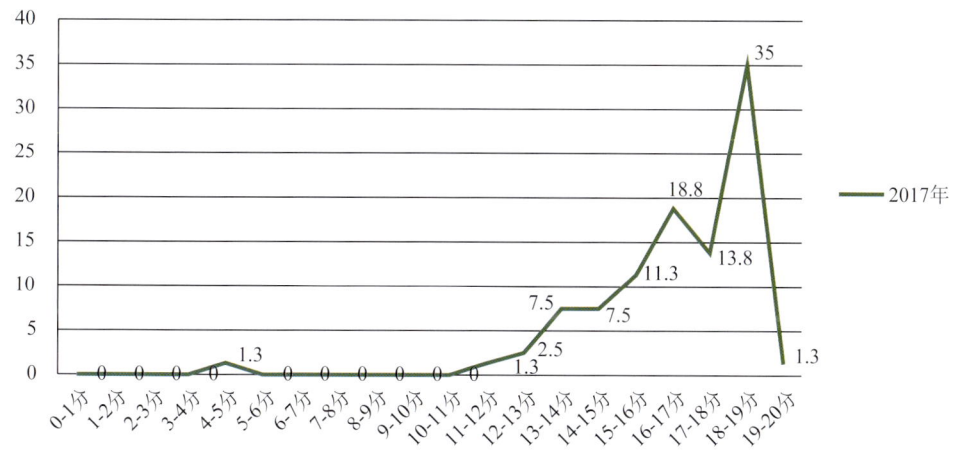

（4）西餐宴会服务服务成绩百分比

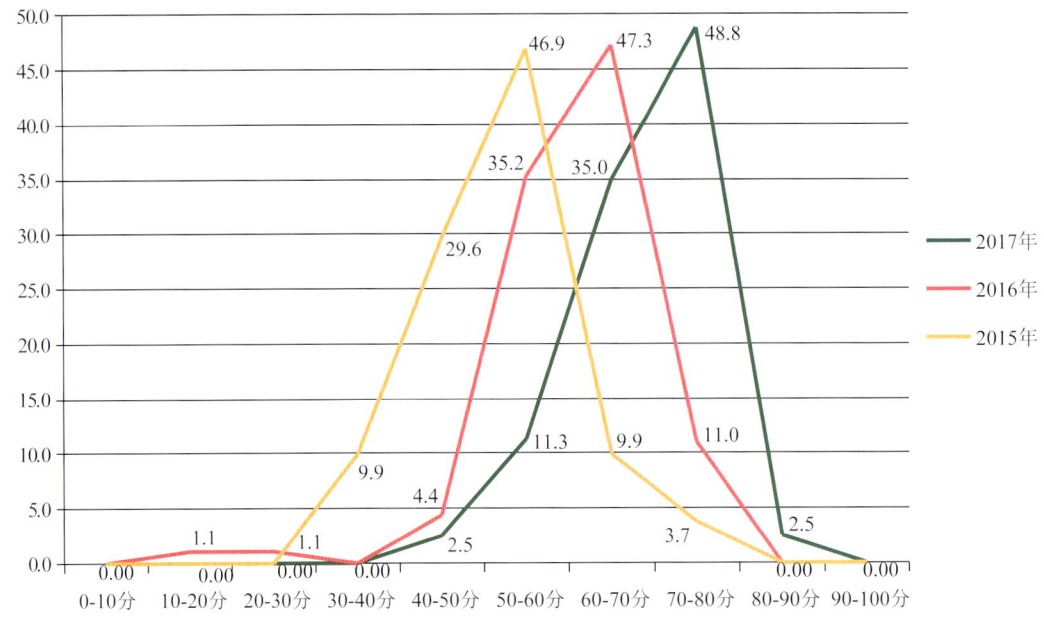

（5）西餐宴会服务总成绩分布百分比

图1-1　西餐宴会服务竞赛成绩分布情况

任务3　个案分析

通过分析（表1-3）发现，2015—2017年的三次比赛中，一等奖、二等奖、三等奖选手平均成绩在摆台、调酒、英语、服务四个赛项上均呈现递减趋势，并且均存在显著差异，即说明从低等奖项向一等奖项的冲刺过程任重而道远，还需付出加倍的辛勤与汗水。更为具体地分析（表1-4~7），2017年二等奖与三等奖、一等奖与三等奖在英语水平上，一等奖与三等奖在调酒上，各等级奖在服务上均存在显著差异，但在摆台上差异不显著；2016年一等奖与二等奖、三等奖在摆台上、英语上，一等奖与三等奖在调酒上差异明显；2015年各等级奖在摆台上，一等奖与二等奖、三等奖在英语上，二等奖与三等奖在调酒上存在显著差异。

基于以上严谨的数据分析，给予学校、教师、学生及行业企业以下几点建议：①西餐摆台是高职院校学生的必修课，也是一项必须掌握的基本技能，技能的提升需要不断地重复练习，但必须给予正确指导；②西餐英语作为行业所急需的人才能力之一，也是高职学生的盲区与短板，作为非母语文化国家，可以通过聘请外教或为学生创造听说读写的良好环境,在这些熏陶下逐渐提升英语水平,这也是指导老师应重点培养参赛选手的方向;③调酒不仅需要学生掌握正确、扎实的基本功,更需要老师与学生有更多的创造力,而这需要通过知识的不断更新、行业前沿的不断跟进等方式来获得提升。

表1-3 一等、二等、三等获奖者摆台、调酒、英语、服务成绩差异分析

年份 变量	2017				2016			2015		
	摆台	调酒	英语	服务	摆台	调酒	英语	摆台	调酒	英语
平均值	41.00 17.21 16.38	16.61 15.69 15.42	12.90 12.54 11.71	18.88 18.23 17.14	16.61 15.69 15.42	12.90 12.54 11.71	18.88 18.23 17.14	48.72 38.1 34.36	24.05 23.45 22.23	7.95 6.85 6.92
方差检验	2.204	1.662	1.588	7.618***	2.694*	2.422*	0.871	4.922**	0.671	2.711*
F值	17.956***	3.701**	6.154***	/	/	/	9.719***	/	4.045**	/
B-F	/	/	/	15.987***	66.140***	53.117**	/	47.804***	/	2.975*
Welch	/	/	/	18.693***	42.670***	38.182**	/	38.843***	/	3.219*

注:平均值分别为一等奖、二等奖、三等奖;*、**、*** 分别代表在0.1、0.05、0.01水平下显著

表1-4 一等、二等、三等获奖者摆台成绩多重比较分析

统计值 奖项	2017年			2016年			2015年		
	一等奖	二等奖	三等奖	一等奖	二等奖	三等奖	一等奖	二等奖	三等奖
一等奖	/	/	/	/	/	/	/	/	/
二等奖	-3.13	/	/	11.86***	/	/	17.71***	/	/
三等奖	-6.41	-3.28	/	11.83***	-0.02	/	23.94***	6.24***	/

表1-5 一等、二等、三等获奖者英语成绩多重比较分析

统计值 奖项	2017年			2016年			2015年		
	一等奖	二等奖	三等奖	一等奖	二等奖	三等奖	一等奖	二等奖	三等奖
一等奖	/	/	/	/	/	/	/	/	/
二等奖	2.40	/	/	10.63***	/	/	11.02*	/	/
三等奖	7.96***	5.55**	/	16.02***	5.39	/	10.29*	-0.73	/

表 1-6　一等、二等、三等获奖者服务成绩多重比较分析

奖项	统计值	2017 年		
		一等奖	二等奖	三等奖
一等奖		/	/	/
二等奖		3.28**	/	/
三等奖		8.70***	5.42**	/

表 1-7　一等、二等、三等获奖者调酒成绩多重比较分析

奖项	统计值	2017 年			2016 年			2015 年		
		一等奖	二等奖	三等奖	一等奖	二等奖	三等奖	一等奖	二等奖	三等奖
一等奖		/	/	/	/	/	/	/	/	/
二等奖		4.62	/	/	2.86	/	/	2.02	/	/
三等奖		5.96**	1.34	/	4.94**	2.07	/	6.06	4.03*	/

表 1-4~7 注：*、**、*** 分别代表在 0.1、0.05、0.01 水平下显著；根据方差检验选定 Gabriel's、Games-Howell 作为统计量

项目二

通 识

任务1 西餐文化

据资料记载,西餐发展至今已有数千年的历史。古巴比伦人在象形文字中就记录了当时西餐的种类和烹调方法。根据史料,可以将西餐的发展总结为四个阶段,即古代的西餐、中世纪的西餐、近现代的西餐和当代西餐。

一、西餐发展概况

(一)古代的西餐

古埃及人的文明发展史在世界史上占有重要地位。公元前2500年,埃及是由法老统治的王国。那时,尼罗河流域土地肥沃,盛产粮食。高度文明的社会创造了灿烂的艺术和文化,其中包括西餐烹调技术。许多出土的烹调用具都证明了西餐在这一时期有过巨大的发展。当时,富人们的菜单上已经出现了烤羊肉、烤牛肉和水果等菜肴。

古希腊受到古埃及文化的影响,成为欧洲文明的中心。雄厚的经济实力给它带来了丰富的农产品、纺织品、陶器、酒和油。奴隶们都有各自的具体工作,如购买粮食、烧饭、服侍等。这已经接近了今天厨房与餐厅分工的组织结构。当时,古希腊的贵族对食物很讲究,这推动了西餐的发展。古希腊人当时的日常食物已经有山羊肉、绵羊肉、牛肉、鱼类、奶酪、大麦面包、蜂蜜面包和芝麻面包等。

大约在公元200年,古罗马的文化和社会经济高度发达,在诗歌、戏剧、雕刻、绘画和西餐烹调等方面都创造了新的风格。古罗马的烹调方式比较简单,但是汲取了古希腊烹调技术的精华。古罗马人举行的宴会既丰富多彩又有较高水平,他们尤其擅长制作主食。至今,意大利的比萨饼和面条仍享誉世界。在古罗马,厨师不再是奴隶,而是拥有一定社会地位的人。厨房结构随着分工的深入而更趋于合理。享用美味佳肴成为古罗马人富有的象征。在哈德良皇帝统治时期,古罗马帝国在帕兰丁山建立了厨师学校,以发展西餐烹调艺术。当罗马帝国分崩离析、日落西山时,亚平宁半岛贵族的厨师却依然推动着西餐烹调技术的发展。

(二)中世纪的西餐

11世纪60年代中,诺曼底人侵占了大不列颠,他们的统治使说英语的当地人在生活习惯、语言和烹调方法等方面都受到了法国人长期的影响。例如，英语的小牛肉、牛肉和猪肉等词都是从法语演变过来的。同时，用法语撰写的烹调书详细地记录了各种食谱，使英国人打破了传统的、单一的烹调方法。1183年，伦敦出现第一家小餐馆。小餐馆售卖以鱼类、牛肉、鹿肉、家禽为原料的西餐菜肴。16—17世纪，意大利的烹调方法传到法国后，西餐烹调技术得到飞速发展。法国丰富的农产品促使厨师们尝试制作新的菜肴。烹调技术在法国各地广泛传播，创制出新式菜肴的厨师会得到人们的尊敬和重视。

（三）近现代的西餐

继1650年牛津出现了第一家咖啡厅以后，咖啡厅在英国如雨后春笋般地出现了，到1700年仅伦敦就有200余家咖啡厅。1765年伯郎格在法国巴黎开设了第一家真正的法国餐厅，这家餐厅在各方面已经和现在经营的西餐厅很相似了。

18世纪以后，法国涌现出了许多著名的西餐烹调大师，如安托尼·卡露米（1784—1833）、奥古斯特·埃斯考菲尔（1846—1935）等。这些著名的烹调大师设计并制作了许多优秀的菜肴，有些至今仍是扒房（grill room）的菜单上深受顾客青睐的品种。

安托尼·卡露米生于法国巴黎，家境贫寒。因此，从13岁开始他就在一家小餐馆当帮厨。由于他勤奋好学，自学了法语和面点制作，不久就脱颖而出，闻名巴黎。他是第一个把糕点样品陈列在拿破仑·波拿巴餐桌上的人。他先后被邀请到伦敦、巴黎、维也纳、圣彼得堡等地献技。在这期间，他改进和独创了许多新式菜肴，因而获得"国王厨师"的美称。卡露米常把烹调法和建筑学紧密地融合在一起，使菜肴艺术化。他非常重视菜肴的外观，从而奠定了古典菜肴的基础。他在伦敦任宫廷主厨师时曾说："我所关心的问题是用各种花样的菜肴引起人们的食欲。"他写过几部重点介绍糕点制作方法的烹饪书。但是，由于他过早地离开人间，他写的大部分书稿并未完成。然而，这位著名的"国王厨师"仍不失为"最高烹饪"的先驱。

奥古斯特·埃斯考菲尔是制作欧洲传统高级菜肴的著名厨师，他以烹调豪华菜肴而引起欧洲社会的注目。他设计了数以千计的食谱，确立了豪华烹饪法的标准。他在蒙特卡罗大饭店当厨师长时，与饭店经理塞扎·里茨密切合作，进行了餐饮经营与烹调设施的现代化和专业化建设。这一措施取得了良好的效果。后来，塞扎·里茨又把他带到闻名世界的伦敦塞维饭店。为了纪念著名的澳大利亚歌剧演员内莉·梅尔巴，他创造了独特的甜品——梅尔巴桃。

埃斯考菲尔曾指出，厨师的任务就是完善烹调法。他主张分道上菜和使用现代厨房。他提倡按照俄罗斯上菜方式，每一种菜为单独的一道，改变了全部菜肴一齐上的传统方式。他的著作《我的烹调法——菜谱与烹饪指南》确立了法国古典烹饪法。

此外，18世纪，在法国还出现了世界第一个饮食鉴赏家让·安塞尔姆·布里亚·萨瓦里。在他的著作《品尝解说》中，萨瓦里对各种菜肴做了评价，并以百科全书的形式综述了菜肴与饮料。1894年，美国第一部烹调书籍《美食家》，由厨师查里斯·瑞奥弗编著出版。1920年，美国开始了汽车窗口饮食服务。1950年以后，西餐快餐业首先在美国发展起来，而后遍及世界。当今的西餐更讲究营养、卫生和实用性。

（四）当代西餐

20世纪，美国引进意大利南部的烹调方法。"二战"后，意大利的菜肴、面条、比萨成为美国人喜爱的食品。随着移民的不断增加，各移民国的菜肴都多少影响了美国的烹饪技术。中国的广东菜、湖南菜、四川菜，以及泰国菜、越南菜、南亚菜，对美国的影响都很大。20世纪七八十年代泰国菜和越南菜传入美国，对其影响很大，特别是椰子味道的菜目前还流行于美国。1885年，中国第一家西餐厅——太平馆在广州开设，标志着西餐厅正式登陆中国。天津起士林西餐厅也比较出名。20世纪20年代，西餐只在我国沿海地区发展；改革开放前，我国西餐只有俄式和东欧菜肴，改革开放后，中外合资的饭店相继出现在各大城市。快餐、咖啡厅迅速现身于中国各地。目前，我国西餐已经发展成一定的模式，天津主要以英国菜为主，上海主要以法国菜为主，哈尔滨以俄国菜为主。我国也已经连续举办了几届西餐文化节。2001年，在天津举办首届西餐文化节；2003年，在广州举办第二届西餐文化节；2005年9月，在北京举办第三届西餐文化节；2007年11月在上海举办第四届西餐文化节；2009年9月，在北京举办第五届西餐文化节；2010年7月在北京举办第六届西餐文化节。现代西餐是根据法国、意大利、英国和俄国等菜肴传统工艺，结合世界各地食品原料及饮食文化，制作成的富有营养、口味清淡的新派西餐菜肴。

二、我国西餐的发展

饮食是文化的先驱，它当然隶属于文化的范畴，是文化必然就会有传播和交流。正是由于这种原因，世界各个国家各个地区的文化、生活习惯不可避免地要相互交流，故而，欧美各国的饮食习俗及菜点逐渐传入我国。因为这些菜点来自西方的欧美国家，所以我国人民乃至一些东方国家习惯将其统称为西餐。

（一）西餐在中国的发展

1. 西餐在中国的初级阶段

那么西餐究竟是什么时候传入中国的呢？早在元代著名的旅行家、意大利人马可·波罗来中国游历时，就将某些欧洲菜点的制作方法传到中国。到了17世纪中叶，西欧各国的商人来到我国各大港口通商，外交官及传教士来中国从事外交、传教活动。由于这些人来华居住时间较长，因此带来生活所需要的食品和调料，有的带来本国厨师，有时为了交往的需要，还以西餐来款待中国客人。据记载，1622年来华的德国传教士汤若望，在北京居住期间，就曾以"蜜面和鸡卵"为主要原料制作"西洋饼"来款待中国客人，受到普遍称赞。但是，在当时，即便这样简单的西餐，也只能在外国人餐桌上出现。

到清代初期，随着进入我国的外国商人、传教士等的增多，中国人与其交往频繁，逐渐对西餐制作、食用产生兴趣。例如，清乾隆年间，饮食鉴赏家、评论家袁枚的《随园食单》上有一则"杨中丞西洋饼"的记载，制法与今天的蛋白卷没有什么差异。但当时尚未出现西餐食谱，直到清代末年，才由上海美华书馆出版了《造洋饭书》。洋，是清代以前对欧、美等外国人和物的常用冠词。所谓的"洋饭"无疑是西餐了。据分析，这本书也并不是中国人所著，而是某教堂人员所编，因为书中未用当时清朝所规定的年号，而使用的是"耶稣降世1909年"一类纪年法。

此书内容丰富，介绍清楚具体。开篇为"厨房条例"，强调了入厨房须知和注重卫生等内容。食谱分汤、鱼、肉、蛋、禽及小汤（沙司），另外还有酸果、甜食、排、面皮、布丁、甜汤、面包、糕等共52章271种，而且每个品种都有原料、用量和制作方法。例如"做面皮法"：一斤半白糖，半斤奶油（黄油），把一半奶油调在面内，加冷水一杯，调成面团，用擀面杖向外擀薄（不要向里擀）；将另一半奶油擦在面皮上，随擀随擦，擀到奶油用完……写得详细具体，明白无误，至今仍有实用价值。此外，书的后面还有英汉对照，反映出西餐早期传入中国时的基本风貌和特点。因此，这应该是中国最早的较完善的西餐食谱，对研究西餐在中国的传播很有价值。

尽管如此，有些专家认为这仍然是西餐在中国的初步传播阶段，因为西餐当时在中国只能是洋人家庭饮食和他们的正式宴会饮食。即便中国的达官贵人、社会名流偶尔制作、食用西餐，但作为西餐行业尚远远没有形成。

1840年鸦片战争以后，中国的大门被英国殖民者打开，随之西方列强蜂拥而入，来中国的外国人与日俱增，从而把西餐烹饪技术带入中国。起初，只是自制自食，有时也用来招待客人。这些外国人，有的还雇佣中国人为他们服务，久而久之，西餐技艺就被所雇佣的中国人所掌握，由此出现了中国人制作西餐的情况，但当时只能是在外国人居住的地方制作西餐。

2. 西餐在中国的发展阶段

到了清代光绪年间，在主要城市，如上海、北京、广州、天津，以及东北的哈尔滨等，出现了专门经营西餐的"番菜馆"和咖啡厅、面包房。据有关史料记载，最早的"番菜馆"是上海的"一品香"，之后相继开业的有"江南春""万年春""海天春""吉祥春"等；北京在这期间也开设了"醉琼林"和"裕珍园"；哈尔滨则有"马迭尔"餐厅，从而使中国的西餐行业初具雏形。

1900年以后，随着中外交流的不断扩大，西餐行业也随之发展，而且不断完善，大饭店相继建立起来，首先是北京的北京饭店，之后是六国饭店、三星饭店、宝珠饭店等。这些饭店都经营不同风格的西餐，同时也出现了和西餐有关系的面包房、牛奶厂。在上海，西餐行业同样发展很快，较早建立的供应西餐的饭店有礼查饭店、汇中饭店、大华饭店。20世纪30年代又有国际饭店、华懋饭店、上海大厦、都成饭店等相继开业。与此同时，西餐厅也随之增加，"大西洋""沙利文"等餐厅都是这时出现的。其他城市也开设了西餐馆，如天津的"维克多利"餐厅、"起士林"餐厅及广州的"哥伦布"餐厅。这些大型饭店和西餐厅所经营的西餐大都自成体系，但不外乎英式、法式、意式、俄式、德式、美式菜肴，有的西餐厅也经营带有中国风味的"番菜"及家庭式西餐。总之，在20世纪二三十年代，在中国中上层人士中掀起一股吃西餐的热潮，从而使中国的西餐行业迅速发展。

3. 西餐在我国的蓬勃发展阶段

中华人民共和国成立以后，由于与我国友好往来的国家日益增多，所以在20世纪50年代，北京市的大型饭店、宾馆建设较快，如和平宾馆、新侨饭店、民族饭店、前门饭店以及号称"亚洲第一大饭店"的友谊宾馆等。这些饭店、宾馆都有设备完善的西餐厅，经营着英式、法式、俄式、意式、德式、美式等不同风味的菜肴。同时，还开设了专营俄式菜肴的莫斯科餐厅。其他大城市也相继建设了不少饭店、宾馆，从而推动着西餐行业在全国蓬勃发展。

1978年以后，我国实行了对外开放政策，随之而来的外国来华客人，尤其是外国旅游者急剧增加，这促进了高级旅游饭店的蓬勃发展，同时也出现了中外合资的旅游饭店。这样，便引进了先进的西餐设备及加工方法，提高了西餐的烹饪水平，使西餐在全国各大城市都有更快的发展。目前，西餐行业在我国已成为不可缺少的行业，形成了一支从事西餐烹饪的专业人员的庞大队伍，确立了西餐在餐饮行业中的重要地位，并在国际交往和发展旅游事业中发挥了巨大作用。

（二）中餐与西餐的融合

每种餐饮食俗都是其民族文化的体现，带有一个民族历史和思维方式的很多痕迹和特征。正宗的西餐虽然没有中餐繁文缛节的礼仪，但即使最简单的西餐馆中的西餐都是各自分盘，吃得彬彬有礼，没有中餐馆中的划拳行令。西餐的引入，无论是原料的选取、烹调的方法，还是就餐形式，都催发了中西饮食文化的冲突和交融。

首先，在原料的选择及应用上。尽管西餐的原料使用范围、种类没有中餐那样广泛、庞杂，但用料较精，选料加工较细，比较专业化，如肉类按部位分档取料。蔬菜种植控制得较鲜嫩而又多样化，检测标准极高，这一点中餐也逐渐在学习和应用。现在中餐大量借鉴和使用西餐原料，肉类原料已普遍采用了牛柳、鸡胸肉、新西兰羊扒、日本神户牛肉、美国牛仔骨等，其做法集中西餐技法之精华，中西合璧，相得益彰，如美极炭烧牛柳、虾酱牛仔骨等；鱼类原料有三文鱼、银鳕鱼、吞拿鱼、鱼子、冰鲜鱼柳、带子肉等；水果原料有榴梿、奇异果、车厘子、草莓、夏威夷木瓜、新奇士橙、牛油果、泰国龙眼等。其他的原料有鹅肝、芝士、芦笋尖、即用薯粉等。这些都逐渐被中餐广泛采用，用以开发新菜式。

其次，在烹饪方法上。近代西餐的舶来，极大地丰富了中国人的饮食文化，如啤酒、汽水、奶茶、蛋糕等西式餐饮，渐渐进入了中国人的生活，品尝了西餐后的中国文化人也开始思考中西饮食和饮食习惯的差异，如上海著名学者孙宝瑄在光绪二十三年（1897年）二月二十四日的日记中在比较了中西饮食后认为："西人饮食最不苟，常以养身为主，与中国《周礼》食医之制暗合焉。"

这种认为西餐与古代中餐相合之见解，表现在实践中是西餐引入后即开始了一个中国化的过程，形成所谓"华人大菜"。因为中国人的口味毕竟和西方人不同，要想在中国立足，西餐必然要进行一番中国化的改造。当年曹聚仁就指出："一品香的大菜，等于中菜西吃，这才有点菜吃，下得肚子，煎牛排就不会那么血淋淋，望之生畏了。""西餐中吃"和"中菜西吃"，实际上即"西菜中做"和"中菜西做"的中西合璧的烹调法，如"铁扒牛肉""华洋里脊""西法大虾""西洋鸭肝"等。经过改造，渐渐出现了具有各种中国地方特色的西菜，如广东大菜、宁波大菜、上海大菜等。那些广东厨师把传统粤菜食味讲究清、鲜、嫩、爽、滑、香和煎、炸、泡、浸、炒、炖等烹饪方法，与英国菜系的烹饪方法结合起来，这在当时福州的广东菜馆里非常出名，如福州的"广复楼""广资楼"，以及"广裕""广宜""广升"等。在上海的西餐馆除"广东大菜"外，较出名的还有"宁波大菜"和"上海大菜"。宁波大菜的烹制方法最合上海人的口味，其菜肴以海鲜居多，口味重咸、鲜合一，烹调讲究鲜嫩软滑。上海蕾茜西菜社还因推出了融合中国菜肴特点创制的"上海西菜"而闻名一时。

最后，在就餐形式上。中国人通过对菜肴的安排、环境的设计、气氛的追求，去敦睦感情进而推行教化，是以群体为本位的人生之道调和的一种写照。而西餐分食制和自助式则同样体现了个体为本位的精神，既便于卫生节俭，又鼓励彼此之间的宽容与感情交流，但这是与中餐合欢制完全相悖的，显然没有会食制热烈隆重和亲密无间。但中餐在感情亲密无间交流的同时，也带来了频繁的箸匙和津液的交流，既不卫生也很浪费。因此清末以来一直有医学家和营养学家呼吁，为了健康、卫生而提倡西餐的分食制。分餐制影响了中餐，也逐渐改变了传统的"围餐制"饮食心理与习惯，体现了卫生，有益于人体健康，具实用性及服务的艺术性、创新性，体现了适度节俭、合理饮食的理念，克服了中餐讲究排场、铺张浪费的缺点。分餐制在中餐中的不断推广，实质上最重要的是体现了人们对健康、卫生的最终要求。因此，近年来中餐开始实行"公筷食法"，不断研究探讨并推出了"位上"的出餐做法，同时也提高了出品的档次。

（三）米其林的历史

说起米其林餐厅就不得不提《米其林红色指南》。米其林餐厅是被《米其林红色宝典》收录的餐厅。1900年，米其林轮胎的创办人出版了一本供旅客在旅途中选择餐厅的指南《米其林红色宝典》。内容为旅游的行程规划、景点推荐、道路导引等。《米其林红色宝典》又称《米其林红色指南》，每年都会对餐馆评定星级。目前世界各国所推崇的米其林星级餐馆，在最初的《米其林红色指南》中是没有被涉及的。

1900年的万国博览会期间，当时米其林公司的创办人米其林兄弟看好汽车旅行的发展前景。他们认为，汽车旅行越兴旺，他们的轮胎就会卖得越好。因此，他们将餐厅、地图、加油站、旅馆、汽车维修厂等有助于汽车旅行的资讯聚集在一起，出版了随身手册大小的《米其林红色指南》一书。随后被收录在《米其林红色指南》里的餐馆，就可以被称作米其林餐厅。1923年，米其林"星级餐馆"首次问世。米其林公司把餐馆分为适度（Modest）、一般（Average）、一流水准（First Class），并配以一星、二星和三星。但是餐馆的"星级"，并不是由米其林公司自己决定的，而是综合读者的意愿后得到的评价。因此米其林公司的《米其林红色指南》中有一句固定语，即"根据曾经光临餐馆的人们的意见"。有关划分等级，在1923年以前，米其林公司的《米其林红色指南》就开始记录了有关葡萄酒和食物的内容，但只是一带而过。

1926年，《米其林红色指南》正式开始用星和点组成的符号来标记餐厅的优良，"米其林星级餐厅"就是从那正式开始的。1926年，《米其林红色指南》对餐馆的评级主要分为五个等级：

①顶级餐馆（First Class Restaurants），用两颗星和三个点表示；
②具有魅力情调的餐馆（Well Appointed Restaurants），用两颗星和两个点表示；
③收益出众的餐馆（Restaurants Renowned for Their Food），用两颗星和一个点表示；
④一般水准的餐馆（Average Food），用两颗星表示；
⑤简单小餐馆（Simple but Well Maintained Restaurants），用一颗星表示。

1926年之前的《米其林红色指南》只发表相关政府部门或旅游界的普通消息。当时，关于餐馆的评价手册，大部分要么因商业关系而缺乏客观性，要么提供一些已经老旧过时的信息。这些手册只记录了可以去什么地方，却没有记录亲自品尝后的感受。与此相比较，1926年出版的《米其林红色指南》却对巴黎市内主要餐馆和食品专卖店做了很详细和具体的说明。1931年，交叉的汤匙和叉子标志被设计出来表示餐厅的等级。1933年开始，米其林公司开始用三颗星表示最高的餐馆评级，并完全形成了根据走访现场得到的独家评论评定餐馆等级的完整体系。当时，三星级餐馆的标准与现在的很相似。"但是从实质上看，没有其他餐馆能与此相提并论。它是法国饮食文化的精髓"。1933年公布的三星级餐馆共有20家。其中，位于Lucas Carton和Tourd'argent的两家餐馆至今仍存在。1937年，为了便于介绍餐馆，米其林公司开始在《米其林红色指南》中特别制作了地图。地图根据餐馆的星级而表示，非常容易找到。可以说，这是第一本真正意义上的法国美食地图。

第二次世界大战前，获得米其林公司评定的三星级的餐馆80%在巴黎。例如，1939年14家三星级餐馆有10家就坐落在巴黎和其周边地区。具有地方特色的餐馆大部分是一星级或最多两颗星。米其林公司的餐馆评价标准直到21世纪的今天也没有发生太大的变化。

现在，《米其林红色指南》星级评分已成为全世界最具有权威性的饮食评价系统。2005年，米其林出版了美国指南。2007年，加入了日本篇。2008年，拥有108年悠久历史、享誉世界的美食手册《米其林红色指南》发行了首本中国美食指南。香港地区获得三星餐厅荣誉的是四季酒店主理广东菜的龙景轩餐厅，餐厅主厨陈恩德成为首位获得米其林三星最高殊荣的中国厨师。截至2012年，《米其林红色指南》收录的星级餐厅共有2241家，其中三星餐厅106家。

现在，收录在《米其林红色指南》上的餐馆，至少先要获得一副刀叉的标记，这种标记是指南对餐馆的基础品评标准，从最高的5副到最低的1副不等，主要表明餐馆的舒适度。

米其林星级是由一批经过筛选的"美食密探"进行评判的，他们被称作"监察员"。监察员每去一家餐厅或酒店进行评判，都需要隐瞒身份悄悄潜入住宿和品评。他

们需要参考的评分项目包括餐厅的食物（60%）、用餐环境（20%）、服务（10%）和酒的搭配（10%）。

一家餐厅的评级，都是由 N 个"美食密探"品鉴 + 一年 12 次的造访 + 米其林总部评审才能敲定的。

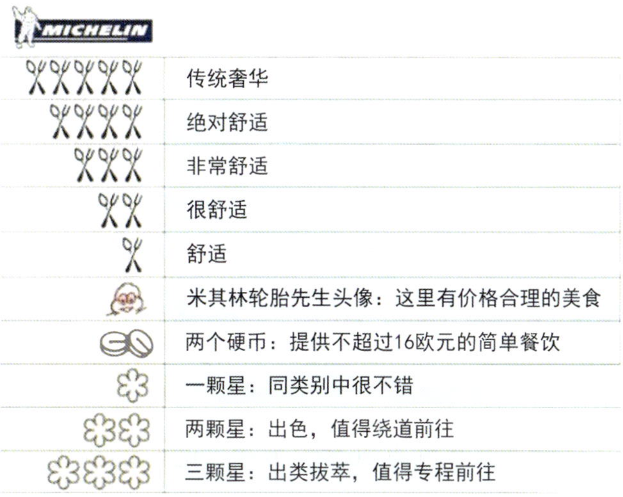

XXXXX	传统奢华
XXXX	绝对舒适
XXX	非常舒适
XX	很舒适
X	舒适
（头像）	米其林轮胎先生头像：这里有价格合理的美食
（硬币）	两个硬币：提供不超过16欧元的简单餐饮
✿	一颗星：同类别中很不错
✿✿	两颗星：出色，值得绕道前往
✿✿✿	三颗星：出类拔萃，值得专程前往

图 2-1 《米其林红色指南》餐厅评鉴符号

● 叉匙

如果一家餐厅的环境特别令人感到愉悦悠闲，叉匙标志就会用红色来替代一般的黑色。根据餐厅的表现，给予1到5个叉匙符号。5个叉匙：奢华的传统风格；4个叉匙：至高的舒适享受；3个叉匙：十分舒适；2个叉匙：舒适；1个叉匙：基本舒适。

● 人头标志

人头意指米其林推荐的道地小馆 Bib Gourmand（Bib 就是米其林轮胎人的名字 Bibendum），提供不错的食物和适当的价格。

● 两个硬币

这标志被称为 piecettes，就是小硬币的意思，带有这个标志的餐厅，表示提供不超过 16 欧元的简单餐饮。

● 星星等级

米其林餐厅评分系统共有三个等级。

一颗星：值得停车一尝的好餐厅（这样的叙述当然是因为米其林是做轮胎的）；两颗星：一流的厨艺，提供极佳的食物和美酒搭配，值得绕道前往，但花费不低；三颗星：完美而登峰造极的厨艺，值得专程前往，可以享用手艺超绝的美食、精选的上佳佐餐酒、零缺点的服务和极雅致的用餐环境，但是要花一大笔钱。

米其林餐厅在法国、欧洲、美洲、亚洲、中国都有分布。作为米其林的发源地，法国是米其林星级餐厅最多的国家。其中法国菜作为米其林餐厅的传统菜肴，更是历久弥新，深受世界各地美食爱好者的喜爱。2013年2月18日公布的2013年版《米其林红色指南》，法国新添一家最高级别的三星餐馆——南部旅游胜地圣特罗佩市的"金潮"餐馆。米其林最新版美食指南显示，法国及其周边共有27家三星餐馆、82家两星餐馆和487家一星餐馆，其中有10家三星餐馆集中在巴黎。在欧洲其他国家，米其林认可的餐厅也是不计其数，其中意大利拥有最多的米其林星级餐厅，德国则拥有最多的三星级米其林餐厅。另外，欧洲还有西班牙、葡萄牙、比利时、卢森堡、英国、爱尔兰、瑞典、荷兰和瑞士等国家的餐厅入选星级餐厅。作为美洲的代表，美国第一版米其林指南于2005年首次问世，当时收录的多为纽约餐厅。而后，旧金山和芝加哥等地的餐厅也逐渐受到了米其林的认可。因美洲多为移民国家，其菜式也多参照欧式风范，因而衍生了新系列的西式美食，在世界各地刮起了西餐之风。2007年，日本料理的一丝不苟为其赢得了米其林在亚洲的首轮受关注，之后美食侦探开始踏足中国的香港和澳门，作为中西文化的交汇地带，香港和澳门的餐厅也很快获得了星级米其林餐厅的称号。

2016年9月21日上午，《米其林指南上海2017》正式发布，这是米其林2016年在全球发行第28本米其林指南，也是在中国大陆地区发行的第一本。其中1家餐厅获得三星，7家餐厅获得二星，18家餐厅获得一星，以及有25家必比登美食推介餐厅。其中，米其林一星餐厅有：艾利爵士、大董（环贸广场）、大董海参店（越洋广场）、鹅夫人（莘庄）、菲霓丝、福和慧、家全七福（嘉里中心）、金轩、老干杯、老正兴、利苑（国金中心）、利苑（环贸广场）、迷上海、南麓浙里、苏浙总会、泰安门、新荣记（上海广场）、雍颐庭。米其林二星餐厅有：81/2Otto e Mezzo BOMBANA、L'ATELIER de Joël Robuchon、喜粤8号、ultral violet、逸龙阁、雍福会、御宝轩。米其林三星餐厅有唐阁（Tang Court）。

任务2　认知西餐

一、西餐的分类

西餐是地域饮食文化概念，是我国对欧美地区菜肴的统称，是一种泛指。按大范围的区域划分，西餐可以分为3类：欧式西餐、俄式（也称东欧式）西餐、美式西餐，如表 2-1 所示。

表2-1　西餐区域的分类

西餐种类	代表国家	风味特点
欧式西餐	以英、法、德、意等欧洲国家为代表	选料精纯，口味清淡，款式多，制作精细
俄式（东欧式）西餐	以苏联为代表	味道浓，油重，以咸、酸、甜、辣皆具而著称
美式西餐	在英国菜基础上发展起来	继承了英式菜简单、清淡的特点，口味咸中带甜

如果进一步按国家细分，则可分为英国菜、法国菜、俄国菜、美国菜、意大利菜以及德国菜等。值得注意的是，西餐只是相对于东方饮食而言，西方饮食文化中并没有"西餐"这一整体概念，而是各国独有的如法国菜、意大利菜、俄国菜等具体风格和概念。

二、西餐的特点

长时间的文化积淀及与美食相结合，使得各个国家的菜系自成风味、各具风格。总的来说，与中餐或其他东南亚国家的饮食相比较，西餐具有以下鲜明特点：

（一）重视各类营养成分的搭配组合

西餐极重视各类营养成分的搭配组合，充分考虑人体对各种营养（糖类、脂肪、蛋白质、维生素）和热量的需求来安排菜或加工烹调。

（二）选料精细，用料广泛

西餐烹饪在选料时十分精细、考究，而且选料十分广泛。如美国菜常用水果制作菜肴或饭点，咸里带甜；意大利菜则会将各类面食制作成菜肴，各种面片、面条、面花都能制成美味的席上佳肴；而法国菜，选料更为广泛，诸如蜗牛、洋百合、椰树芯等均可入菜。

（三）讲究调味，注重色泽

西餐烹调的调味品大多不同于中餐，如酸奶油、桂叶、柠檬等都是常用的调味品。法国菜还注重用酒调味，在烹调时普遍用酒，不同菜肴用不同的酒做调料；德国菜则多以啤酒调味，在色泽的搭配上则讲究对比、明快，因而色泽鲜艳，能刺激食欲。

（四）工艺严谨，器皿讲究

西餐的烹调方法很多，常用的有煎、烩、烤、焖等十几种，而且十分注重工艺流程，讲究科学化、程序化，工序严谨。烹调的炊具与餐具均有不同于中餐的特点。特别是餐具，除瓷制品外，水晶、玻璃及各类金属制餐具占很大比重。

三、西餐基本礼仪

（一）用餐顺序

首先，我们应对西餐的用餐顺序有所了解，如表2-2所示。

表2-2 用餐顺序

用餐的不同场合	用餐顺序
正式的宴请	头盘、汤、沙拉、副菜、主菜、甜点、咖啡或茶
便餐	先点主菜，然后根据主菜点出开胃菜、汤和甜点，不必面面俱到

（二）用餐礼仪

在西餐的用餐过程中，我们需要在哪些方面遵守用餐礼仪呢？（如表2-3所示）

表2-3 用餐礼仪

西餐用餐	用餐礼仪
落座	1.坐姿要正，身体要直，脊椎不可紧靠椅背，一般坐于座椅的3/4即可 2.落座后，将餐桌上的餐巾花取下后应两边对折或折成三角形摆放在腿部，不能将餐巾披在领口。不可将腿在桌下向远处伸，不能跷起二郎腿，也不要将胳臂肘放到桌面上
用餐中	1.进餐过程中相互交谈是很正常的现象，但切不可大声喧哗，放声大笑，也不可在餐桌旁抽烟 2.取食时不要站立起来，拿不到的食物应请别人传递，就餐时不可狼吞虎咽。对自己不愿吃的食物也应要一点放在盘中，以示礼貌。有时主人劝客人添菜，如有胃口，添菜不算失礼，相反，主人也许会引以为荣。添菜需用公共餐具。同时，与中餐习惯不同，西餐中切忌用自己的餐具为别人布菜 3.进餐过程中不能中途退席，如有事确需离开应向左右的客人小声打招呼
用餐结束	应向主人表示感谢和对食物、酒水的赞赏

（三）西餐餐具的使用

①正式宴请中，每道菜配有不同的刀叉；进餐过程中应根据上菜顺序从外向内取用刀叉，要左手持叉，右手持刀；使用刀叉时，尽量不发出太大的响声。

②切东西时用左手拿叉按住食物，右手执刀将其切成适当的小块，然后用叉子送入口中；大块的食物应随吃随切而不是一次性切好搁在盘中逐块叉食；使用刀时，刀叉不可向外。

③盘内剩余少量菜肴时，不要用叉子刮底盘，更不要用手指相助食用，应以小块面包或叉子相助食用；吃面条时要用叉子先将面条卷起，然后送入口中。

④如需中途离席而又未用完时，应将刀叉呈"八"字形摆放在餐盘边上，表示还要继续吃，如图2-2所示；每吃完一道菜，将刀叉平行斜放在餐盘中，如图2-3所示。

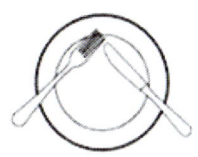

图2-2 需继续食用

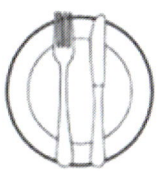

图2-3 已用完可撤

⑤喝汤时不可以汤盘就口，不要啜，应用汤勺从里向外舀出送入口中；不要舔嘴唇或咂嘴发出声音；汤盘中的汤快喝完时，可以用左手将汤盘的外侧稍稍抬起，用汤勺舀净即可。吃完汤菜后，将汤匙留在汤盘（碗）中，匙把指向自己。

⑥谈话过程中，可以拿着刀叉，无须放下，但若需要做手势时，就应放下刀叉，切忌手执刀叉在空中挥舞摇晃；也不要一手拿刀或叉，而另一只手拿餐巾擦嘴；也不可一手拿酒杯，另一只手拿叉取菜。进食应细嚼慢咽，嘴里不要发出很大的声响，更不能边吃边说。

⑦除用刀、叉、匙取送食物外，如吃鸡、龙虾时，必要时也可用手取食物；吃饼干、薯片或小粒水果，可以用手取食；吃带骨食物时应先将骨头去掉，不要用手拿着吃；吃鱼、肉等带刺或骨的菜肴时，不要直接将骨头或刺吐出，应用餐巾捂嘴轻轻吐在叉上放入盘内；吃鱼时不要将鱼翻身，要吃完上层后用刀叉将鱼骨剔掉后再吃。

⑧面包则一律手取，注意取自己左手前面的，不可取错；面包不可以直接拿着咬而应掰成小块送入口中；如需涂抹黄油或果酱，也应先将面包掰成小块再抹。

⑨餐桌上，通常会备有盐、胡椒粉等作料供客人自行取用，如果距离太远，可以

请人帮忙传递过来，切忌自己起身去拿。

四、西餐服务方式

西餐服务经过多年的发展，各国和各地区都形成了自己的特色。西餐的服务常采用的方法有法式服务、俄式服务、美式服务、英式服务和综合式服务及自助式服务等。

（一）法式服务

1. 法式服务特点

传统的法式服务在西餐服务中是最豪华、最细致和最周密的服务。通常，法式服务用于法国餐厅，即扒房。法国餐厅装饰豪华、高雅，以欧洲宫殿式为特色，餐具常采用高质量的瓷器和银器，酒具常采用水晶杯。通常采用手推车或旁桌现场为顾客提供加热和调制菜肴及切割菜肴等服务。在法式服务中，服务台的准备工作很重要。通常在营业前要做好服务台的一切准备工作。法式服务注重服务程序和礼节礼貌，注重服务表演，注重吸引客人的注意力，服务周到，每位顾客都能得到充分的照顾。但是，法式服务节奏缓慢，需要较多的人力，用餐费用高。餐厅空间利用率和餐位周转率都比较低。

2. 法式服务方法

（1）法式服务的摆台

法式服务的餐桌上先铺上海绵桌垫，再铺上桌布，这样可以防止桌布与餐桌间的滑动，也可以减少餐具与餐桌之间的碰撞声。摆装饰盘，装饰盘常采用高级的瓷器或银器等。将装饰盘的中线对准餐椅的中线，装饰盘距离餐桌边缘1~2厘米。装饰盘的上面放餐巾。装饰盘的左边放餐叉，餐叉的左边放面包盘，面包盘上放黄油刀。装饰盘的右边放餐刀，刀刃朝向左方。餐刀的右边常放一个汤匙。餐刀的上方放各种酒杯和水杯。装饰盘的上方摆甜品的刀和匙。

（2）传统的二人合作式的服务

传统的法式服务是一种最周到的服务方式，由两名服务员共同为一桌客人服务。其中一名为经验丰富的正服务员，另一名是助理服务员，也可称为服务员助手。正服务员请顾客入座，接受顾客点菜，为顾客斟酒上饮料，在顾客面前烹制菜肴，为菜肴调味，分割菜肴，装盘，递送账单等。助理服务员帮助正服务员现场烹调，把装好菜肴的餐盘送到客人面前，撤餐具和收拾餐台等。在法式服务中，服务员在客人面前做一些简单的菜肴烹制表演或切割菜肴和装盘服务。而他的助手用右手从右侧送上每一道菜。通常，面包、黄油和配菜从客人左侧送上，因为它们不属于一道单独的菜肴。

从客人右侧用右手斟酒或上饮料，从客人右侧撤出空盘。

（3）上汤服务

当客人点汤后，助理服务员将汤以银盆端进餐厅，然后把汤置于熟调炉上加热和调味，其加工的汤一定要比客人需要量多些，方便服务。当助理服务员把热汤端给客人时，应将汤盆置于垫盘的上方，并使用一条叠成正方形的餐巾，这条餐巾能使服务员端盘时不烫手，同时可以避免服务员把大拇指压在垫盘的上面。汤由正服务员从银盆里用大汤匙将汤装入顾客的汤盘后，再由助理服务员用右手从客人右侧服务。

（4）主菜服务

主菜的服务与汤的服务大致相同，正服务员将现场烹调的菜肴，分别盛入每一位客人的主菜盘内，然后由助理服务员端给客人。如正服务员为顾客服务牛排时，助理服务员从厨房端出烹调半熟的牛肉、马铃薯及蔬菜等，由正服务员在客人面前调配作料，把牛肉再加热烹调，然后切肉并将菜肴放在餐盘中，正服务员这时应注意客人的表示，看他要多大的牛排。同时，应该配上沙拉，服务员应当用左手从客人左侧将沙拉放在餐桌上。

（二）俄式服务

1. 俄式服务特点

俄式服务是西餐普遍采用的一种服务方法。俄式服务的餐桌摆台与法式的餐桌摆台几乎相同。但是，它的服务方法不同于法式。俄式服务讲究优美文雅的风度，将装有整齐和美观菜肴的大浅盘端给所有顾客过目，让顾客欣赏厨师的装饰和手艺，同时也刺激了顾客的食欲。俄式服务，每一个餐桌只需要一个服务员，服务的方式简单快速，服务时不需要较大的空间。因此，它的效率和餐厅空间的利用率都比较高。由于俄式服务使用了大量的银器，并且服务员将菜肴分给每一个顾客，使每一位顾客都能得到尊重和较周到的服务，因此增添了餐厅的气氛。由于俄式服务是从大浅盘里分菜，因此，可以将剩下的、没分完的菜肴送回厨房，从而减少不必要的浪费。俄式服务的银器投资很大，如果使用和保管不当会影响餐厅的经济效益。在俄式服务中，最大的问题是最后分到菜肴的顾客，看到大银盘中的菜肴所剩无几，总有一些影响食欲的感觉。

2. 俄式服务的方法

（1）分发餐盘

服务员先用右手从客人右侧送上相应的空盘，包括开胃菜盘、主菜盘、甜菜盘等。注意冷菜上冷盘，即未加热的餐盘；热菜上热盘，即加过温的餐盘，以便保持食物的温度。上空盘依照顺时针方向操作。

（2）运送菜肴

菜肴在厨房全部制熟，每桌的每一道菜肴放在一个大浅盘中，然后服务员从厨房中将装好菜肴的大银盘用肩上托的方法送到顾客餐桌旁，热菜盖上盖子，站立于客人餐桌旁。

（3）分发菜肴

服务员用左手以胸前托盘的方法，用右手操作服务叉和服务匙从客人的左侧分菜。分菜时以逆时针方向进行。斟酒、斟饮料和撤盘都在客人右侧。

（三）美式服务

1. 美式服务特点

美式服务是简单和快捷的餐饮服务方式，一名服务员可以看数张餐台。美式服务简单、速度快，餐具和人工成本都比较低，空间利用率及餐位周转率都比较高。美式服务是西餐零点和西餐宴会理想的服务方式，广泛用于咖啡厅和西餐宴会厅。

① 美式服务的餐桌上先铺上海绵桌垫，再铺上桌布，这样可以防止桌布与餐桌间的滑动，也可以减少餐具与餐桌之间的碰撞声。桌布的四周至少要垂下30厘米。但是，台布不能太长，否则，影响顾客入席。有些咖啡厅在台布上铺上较小的方形台布，这样，重新摆台时，只要更换小型的台布就可以了，可以减少大台布的洗涤次数。同时，也起着装饰餐台的作用。通常，每两个顾客使用糖盅、盐盅和胡椒瓶各一个。

② 将叠好的餐巾摆在餐台上，它的中线对准餐椅的中线，餐巾的底部离餐桌的边缘1厘米。两把餐叉摆在餐巾的左侧，叉尖朝上，叉柄的底部与餐巾对齐。在餐巾的右侧，从餐巾向外，依次摆放餐刀、黄油刀、两个茶匙。刀刃向左，刀尖向上，刀柄的底部朝下，与餐巾平行。面包盘放在餐叉的上方。水杯和酒杯放在餐刀的上方，距刀尖1厘米，杯口朝下，待顾客到餐桌时，将水杯翻过来，斟倒凉水。

2. 美式服务方法

在美式服务中，菜肴由厨师在厨房中烹制好，装好盘。餐厅服务员用托盘将菜肴从厨房运送到餐厅的服务桌上。热菜要盖上盖子，并且在顾客面前打开盘盖。传统的美式服务，上菜时服务员在客人左侧，用左手从客人左边送上菜肴，从客人右侧撤掉用过的餐盘和餐具，从顾客的右侧斟倒酒水。目前，许多餐厅的美式服务上菜服务从顾客的右边，用右手，顺时针进行。

（四）英式服务

英式服务又称家庭式服务。其服务方法是服务员从厨房将烹制好的菜肴传送到餐厅，由顾客中的主人亲自动手切肉装盘，并配上蔬菜，服务员把装盘的菜肴依次端送给每一位客人。调味品、沙司和配菜都摆放在餐桌上，由顾客自取或相互传递。英式服务家庭气氛很浓，许多服务工作由客人自己动手，用餐的节奏较缓慢。在美国，家庭式餐厅很流行，这种家庭式的餐厅常采用英式服务。

（五）综合式服务

综合式服务是一种融合了法式服务、俄式服务和美式服务的综合服务方式。许多西餐宴会的服务采用这种服务方式。通常用美式服务上开胃品和沙拉，用俄式或法式服务上汤或主菜，用法式或俄式服务上甜点。不同的餐厅或不同的餐次选用的服务方式组合也不同，这与餐厅的种类和特色、顾客的消费水平、餐厅的销售方式有着密切的关系。

（六）自助式服务

自助式服务是把事先准备好的菜肴摆在餐台上，客人进入餐厅后支付一餐的费用，便可自己动手选择符合自己口味的菜点，然后拿到餐桌上用餐。这种用餐方式称为自助餐。餐厅服务员的工作主要是餐前布置、餐中撤掉用过的餐具和酒杯、补充餐台上的菜肴等。

五、西餐宴会类型与特点

西餐宴会是按照西方国家的礼仪习俗举办的宴会。其特点是遵循西方的饮食习惯，采取分食制，以西餐为主，用西式餐具，行西方礼节，遵从西方习俗，讲究酒水与菜肴的搭配，其布局、台面布置和服务都有鲜明的西方特色，突出西方的民族文化传统。

（一）西餐宴会的主要形式

由于举办宴会的目的、宴请的对象、人数的不同，西餐宴会的形式也有所差异，主要有以下三种：

1. 正式宴会

正式宴会通常是政府和团体等有关部门为欢迎应邀来访的宾客或来访的宾客而举行的宴会。这种宴会适宜招待规格较高、人数不是很多的客人。由于不同国家和民族的生活习惯不同，在菜点内容的安排上也有所不同。正式宴会有时要安排乐队奏席间乐。宾主按身份排位就座。许多西方国家的正式宴会十分讲究排场，在请柬上注明对客人服饰的要求。从服饰规定上来体现宴会的隆重程度，这是西餐宴会较突出的方面。另外，对餐具、酒水、菜肴道数、陈设以及服务员的装束、仪态都有严格的要求。

2. 冷餐酒会

冷餐酒会的特点是不排席位,既可在室内、院里,又可在花园里举行。菜点的品种丰富多样,以冷食为主,可上热菜。菜肴提前摆在食品台上,酒水陈放在桌上,供客人自取,宾客可自由活动,多次取食,亦可令服务员端送。可设小桌、椅子,供宾客自由入座,也可以不设座位,站立进餐。根据宾主双方的身份,冷餐酒会的规格和隆重程度可高可低,举办时间一般在中午 12 时至下午 2 时或晚上 6 时至 8 时。这种形式多为政府部门或企业界举行人数众多的盛大庆祝会、欢迎会、开业典礼等活动所采用。

3. 鸡尾酒会

鸡尾酒会是具有欧美传统的集会交往形式。鸡尾酒会以酒水为主,略备小吃食品,形式较轻松,一般不设座位,没有主宾席,个人可随意走动,便于广泛接触交谈。食品主要是三明治、点心、小串烧、炸薯片等,宾客用牙签取食。鸡尾酒和小吃由服务员用托盘端上,或部分置于小桌上。酒会举行的时间较为灵活,中午、下午、晚上均可,可作为晚上举行大型宴会的前奏活动,或结合记者招待会、新闻发布会、签字仪式等活动举办。请柬往往注明整个活动延续的时间,宾客可在其间任何时候到达或退席,来去自由,不受约束。鸡尾酒会以饮为主,以吃为辅,除饮用各种鸡尾酒外,还备有其他饮料,但一般不上烈性酒。

(二)西餐宴会的主要特点

西餐宴会虽然同一般就餐在内容上没有本质区别,但在服务程序(如图 2-4 所示)和内容等方面具有以下特点:

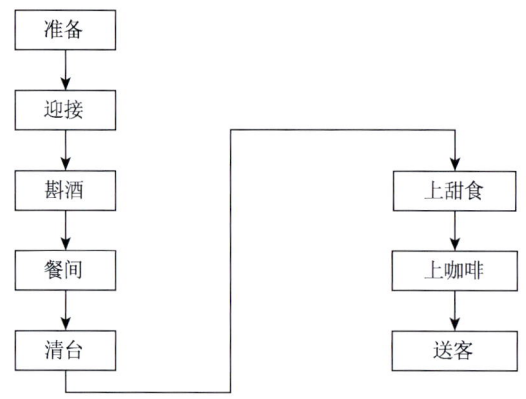

图 2-4 西餐宴会服务程序

1. 西餐宴会是一种重要的交际形式

国际交流以及政府、社会团体、单位、公司或个人之间进行交往,经常运用宴会这种交际方式来表示欢迎、答谢、庆贺。人们也常在品佳肴琼浆、促膝谈心、交朋友的过程中疏通关系，增进了解，加深情谊，解决一些其他场合不容易或不便于解决的问题，从而实现社交的目的。

2.西餐宴会讲究规格和气氛

西餐宴会一般要求格调高、有气氛、有排场，服务工作周到细致。它对菜品的要求较高，对台面设计、环境布置、灯光、音响、前台、后台工作等都十分讲究，要求宴会部技术人员通力合作才能保证宴会成功，并要始终保持宴会祥和、欢快、轻松的旋律，给人以美的享受。

3.西餐宴会是用酒菜款待聚到一起的众多来宾

赴宴者通常由四种身份的人组成，即主宾、随从、陪客与主人。其中，主宾是宴会的中心人物，常安排在最显要的位置就座，宴会中的一切活动都要围绕他进行；随从是主宾带来的客人，伴随主宾，烘云托月，其地位仅次于主宾；陪客是主人请来陪伴客人的，有半个主人的身份，起着积极的作用；主人即办宴的东道主，宴会要听从他的调度与安排，以达到他的宴请目的。

4.西餐宴会注重接待礼仪

西餐宴会礼仪是西方国家赴宴者之间互相尊重的一种礼节仪式，也是西方国家人民出于交往的目的而形成的为大家共同遵守的习俗，其内容广泛，如要求酒菜丰盛，仪典庄重，场面宏大，气氛热烈；讲究仪容的修饰、衣冠的整洁、表情的谦恭、谈吐的文雅、气氛的融洽以及餐室的布置、台面的点缀、上菜的程序等。重大国宴、专宴除了注意上述种种问题之外，还要考虑因时配菜、因需配菜，尊重宾主的民族习惯、宗教信仰、身体素质和嗜好忌讳等。

项目三
竞 技

任务1 宴会摆台

西餐宴会摆台是2017年全国职业院校技能大赛高职组西餐宴会服务赛项的重要内容，竞赛内容包括西餐宴会摆台、餐巾折花、台面主题设计与布置等环节。根据赛项规程要求，选手现场摆一个6人西餐宴会台，并围绕西方传统节日进行台面主题设计与布置。

这一比赛内容的设定，主要是考核选手操作的熟练性、规范性，台面布置的美观性、实用性，以及对西餐文化的理解等专业知识的掌握。

一、比赛准备

（一）仪容仪表

参赛选手的仪容仪表主要包括仪容、仪表和着装等几个方面，这是每位选手在比赛前必须准备好的。

2017年西餐宴会服务赛项中，没有将选手的仪容仪表单独作为一个考核项目，而是在"操作动作与西餐礼仪"项目中进行考核和评判。评判的核心内容包括"仪容仪态、着装等符合行业规范和要求；操作神态自然，具有亲和力，体现岗位气质"等方面。

这部分内容改变了过去比赛时需要进行专项检查的评判方法，而是由裁判员在整个操作过程中进行观察和考察。

根据评判标准和行业规范，男、女生的仪容仪表主要有以下要求：

1. 男士

仪容部分：要求头发后不及领、侧不盖耳；干净、整齐，着色自然，发型美观大方；面部不留胡须及长鬓角；手及指甲干净，指甲修剪整齐，不宜过长。

服装部分：要求服装符合行业岗位需要和特点，整齐干净，无破损、无丢扣，熨烫挺括。工装鞋符合岗位要求，一般为黑颜色皮鞋；干净，擦拭光亮、无破损；穿着深色袜子，无褶皱、无破损。

仪表部分：要求举止大方、自然、优雅；注重礼节礼貌，面带微笑。

2.女士

仪容部分：要求头发后不过肩、前不盖眼；干净、整齐，着色自然，发型美观大方。女士应化淡妆；手及指甲干净，指甲修剪整齐，不宜过长，不涂有色指甲油。

服装部分：要求服装符合行业岗位需要和特点，整齐干净，无破损、无丢扣，熨烫挺括。工装鞋应为符合岗位要求的鞋子（黑颜色皮鞋），干净、擦拭光亮、无破损；女士应穿着浅色丝袜，无褶皱、无破损。

仪表部分：不佩戴过于醒目的饰物；举止大方、自然、优雅；注重礼节礼貌，面带微笑。

（二）比赛物品准备

1.大赛提供的物品

本次大赛为了减轻参赛队的运输负担，统一配备了部分比赛物资，以供各参赛队选择。提供的物品如下：

（1）家具类

包括一张标准比赛用西餐桌（240cm×120cm，见图3-1）、六把宴会椅（含米色椅套，见图3-2）。

图3-1　比赛用餐桌　　　　　　　图3-2　比赛用椅子

> **关于餐椅的尺寸说明**
>
> 椅背的最宽处是42cm，后椅腿下方的最宽处是46cm，前椅腿下方最宽处为46cm，椅子腿侧面下方的最宽处为51cm。椅背顶端到地面的垂直高度是94cm，椅面距地面为48.5cm，椅面与椅背顶端斜下高度为53.5cm，前后宽度参考椅子腿侧面下方的最宽处52cm，椅子坐面的厚度是8cm，椅面下端加上金属部分，长度为44.5cm。（为方便使用，建议制作椅套时将尺寸放大2cm左右）

（2）瓷器

比赛检录处配备六套花纹、颜色各异的摆台用瓷器，包括展示盘、吐司盘、黄油碟、椒盐瓶和牙签盅。参赛选手可以根据各自确定的主题，选择相应颜色和图纹的瓷器。

第一套：痕（见图3-3）

图 3-3 痕瓷器

第二套：梵思蔓（见图3-4）

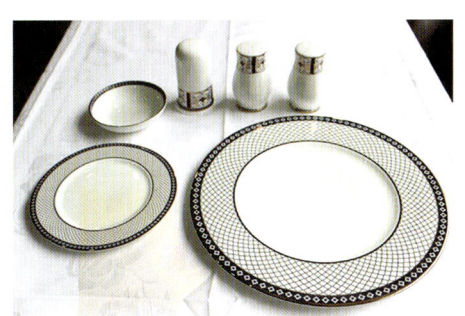 

图 3-4 梵思蔓瓷器

第三套：链（见图3-5）

图 3-5 链瓷器

第四套：丝绸之路（见图 3-6）

 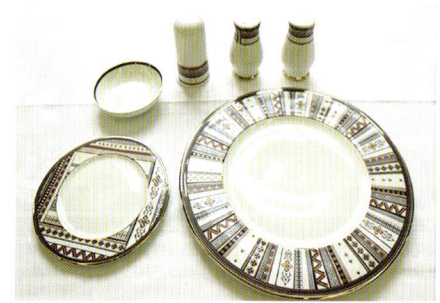

图 3-6　丝绸之路瓷器

第五套：装甲（见图 3-7）

图 3-7　装甲瓷器

第六套：游弋（见图 3-8）

 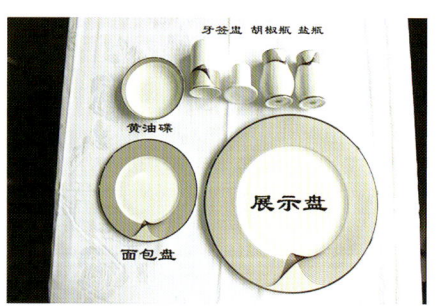

图 3-8　游弋瓷器

（3）不锈钢餐具

两套摆台用不锈钢餐具，包括开胃品刀叉、汤匙、鱼刀鱼叉、主菜刀叉、黄油刀、甜品叉匙。

第一套是选用的 Pama 品牌（见图 3-9）

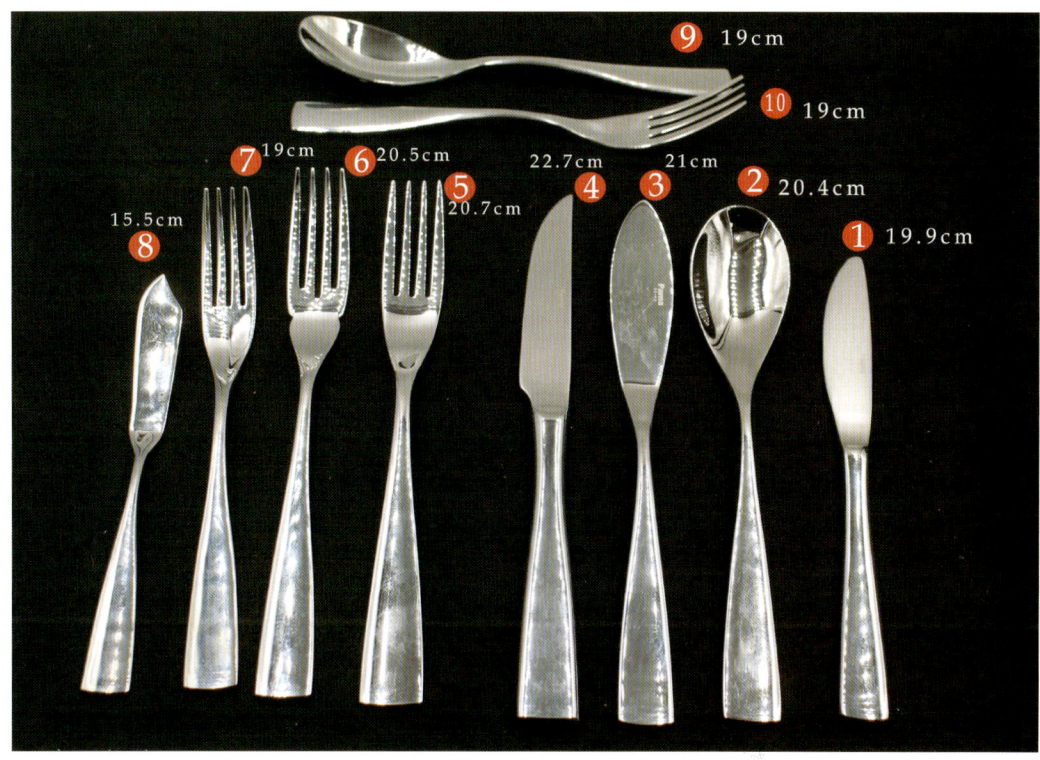

图 3-9　摆台用不锈钢餐具

图示说明：

1 号开胃品刀，长 19.9cm

2 号汤勺，长 20.4cm

3 号鱼叉，长 21cm

4 号主菜刀，长 22.7cm

5 号主菜叉，长 20.7cm

6 号鱼叉，长 20.5cm

7 号开胃品叉，长 19cm

8 号黄油刀，长 15.5cm

9 号甜品勺，长 19cm

10 号甜品叉，长 19cm

第二套为扁平式西餐餐具（见图3-10）。

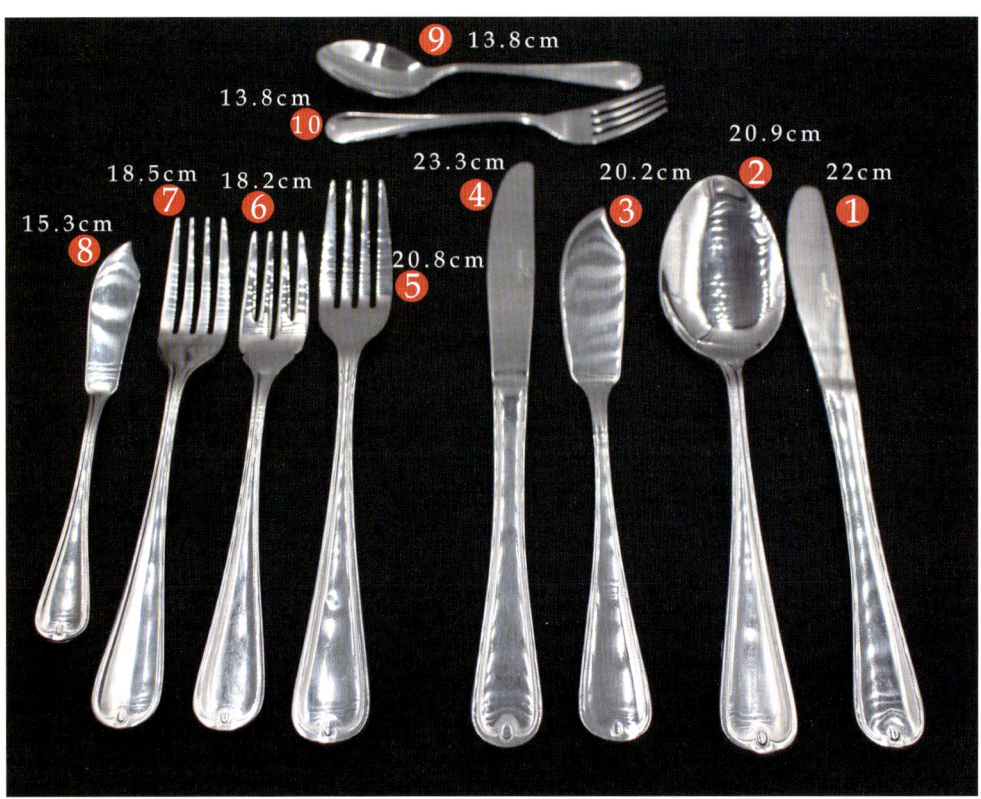

图3-10　扁平式西餐餐具

图示说明：

1号开胃品刀，长22cm

2号汤勺，长20.9cm

3号鱼叉，长20.2cm

4号主菜刀，长23.3cm

5号主菜叉，长20.8cm

6号鱼叉，长18.2cm

7号开胃品叉，长18.5cm

8号黄油刀，长15.3cm

9号甜品勺，长13.8cm

10号甜品叉，长13.8cm

（4）杯具

包括两种款式的水杯、白葡萄酒杯、红葡萄酒杯。一套为"Libby"品牌（见图3-11），一套为意大利"RCR"水晶杯（见图3-12）。

图 3-11　Libby 品牌杯具　　　　　　　图 3-12　意大利"RCR"水晶杯

品牌：Libby　　　　　　　　　　　　品牌：意大利 RCR

容量分别是：450ml、350ml、250ml　　容量分别是：280ml、220ml、150ml

（5）其他

包括操作过程中使用到的托盘、红白葡萄酒、水扎壶，以及烛台、蜡烛、服务巾等物品。（见图 3-13、3-14、3-15）

图 3-13　圆托盘　　　　　　　　　　图 3-14　方托盘

直径 40cm　　　　　　　　　　　　规格：45.7cm×35.6cm

图 3-15 水扎壶
规格：D140mm×223mm 容量：1450ml

2. 选手自备物品

为了更好地展现西餐宴会主题，西餐宴会服务赛项允许选手根据各自确定的主题，准备与主题设计相关的台布、中心装饰物等物品，并由选手比赛前带进赛场。选手自备物品包括台布、口布、椅套和中心装饰物、烛台等。

根据比赛要求，选手自备的台布规格为 200cm×162.5cm，两块，颜色自定。折口布花用口布 6 块，规格为（50~55）cm×（50~55）cm。

（三）工作台准备

每位选手先将所有比赛物品摆上工作台，比赛前有 2 分钟时间再准备。在准备时间内，选手将根据自己的操作习惯，再次清点比赛用物品，整理工作台。

工作台的准备应注意以下几点：

①清点和确认餐具、杯具、布件、中心装饰物等各类用具，确保使用数量充足，防止遗漏。

②用干净的口布或服务巾擦拭餐具和杯具，确保所有不锈钢餐具、玻璃杯等无污渍、无手印痕。

③工作台物品摆放。根据选手操作习惯，选手将各类餐器具、用具分类、分空间、整齐摆放。

④工作台检查。工作台面各类物品要求摆放整齐，四周不超出工作台边，一方面是安全需要，防止操作过程中身体碰掉物品；另一方面是要求工作台整洁美观。

需要注意的是工作台下方、侧面等餐器具的包装盒等其他物品也需要摆放整齐，不宜超出台裙，以免影响工作台的整洁和美观（见图 3-16）。

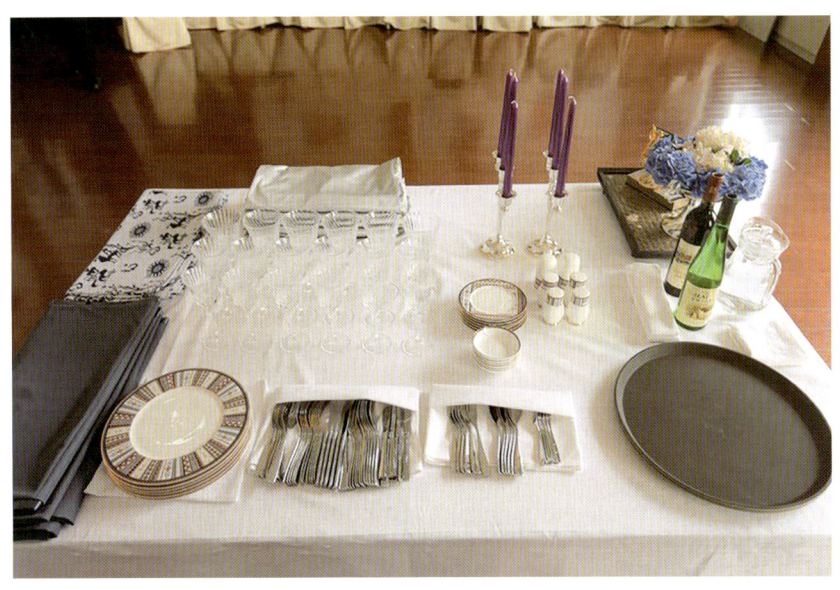

图 3-16　工作台准备规范

二、摆台操作

（一）托盘的基本方法

托盘分轻托、重托等方式。在常规服务中，一般使用轻托比较多。在摆台操作中，也以轻托为主。

轻托分理盘、装盘、起托、托盘行走、卸盘等几个步骤。

1. 理盘

理盘即整理托盘，是托盘操作开始前的准备工作。主要工作是将托盘内整理干净，擦净水渍等。

2. 装盘

装盘是使用托盘服务的前提。装盘的原则是：高的、重的在里边，矮的、轻的在外边。所谓里边是指托盘靠近身体的一侧，外边则是指离身体稍远的一侧。这样装盘的目的是为了托盘更稳，减少不必要的事故。

3. 起托

托盘起托的方法是：膝盖微屈，上身尽量保持正直，右手将托盘拉出工作台，左手伸入盘底，五指张开托住托盘中心（见图 3-17），随后身体直立，同时将托盘平稳托起。身体直立后，左手掌心向上，五个指肚及掌缘贴住盘底，掌心不与托盘接触。左手肘弯曲成 90 度，自然放于身侧，与腰部留出摆动空隙。

4. 托盘行走

待托盘平稳后，将右手自然垂于身侧。托盘行走时应目视前方、面带微笑，脚步轻稳，右手自然摆动，托盘也可随身体的摆动而小幅自然摆动（见图3-18）。

图3-17　起托托盘

图3-18　托盘行走

5. 卸盘

走到工作台前，右手轻扶托盘边，膝盖微屈，上身尽量保持正直，左手将托盘架在工作台上，抽左手，右手将托盘完整地推入工作台里（见图3-19）。

图3-19　卸盘

(二)铺台布的基本方法

西餐台布的铺法和中餐不同,铺台布时动作不宜过大,因此,推和退是西餐铺台布最常用的方法。具体做法如下:

1. 转椅

用脚尖做支点将副主人位一侧的餐椅侧转90度,先铺第一块台布(见图3-20)。

2. 抓边

将折叠好的台布横向打开,将垂直的中缝对准桌子的纵轴,用拇指与食指均匀地捏住台布边的左右两侧,左右手臂张开距离相等(见图3-21)。

图3-20 转椅

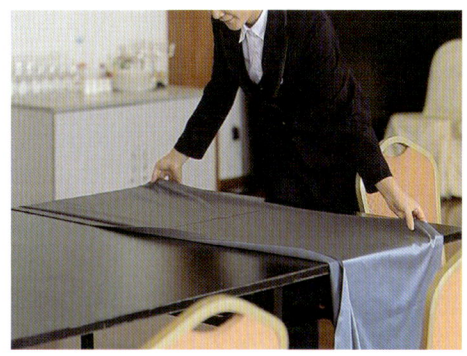

图3-21 抓边

3. 推铺

身体前倾,将拎起的台布向餐桌中央推去,同时放开下层台布边(见图3-22)。

4. 退拉

采用退拉的方式,将台布边退边拉,并抓住第一层台布边缘徐徐将台布拉正,放下下垂部分(见图3-23)。台布铺好后,椅子归位。

图3-22 推铺

图3-23 退拉

5. 铺第二块台布

站在主人位，重复上述四步动作，将第二块台布铺好。两块台布铺好后，应做到台布四边下垂均匀，凸线朝上，与正副主人位构成的中心线一致。靠近主人位置的台布压在靠近副主人位置的台布上，两块台布重叠5cm，两块台布凸线对正、对齐，台面平整、美观（见图3-24）。

图3-24 铺好的台面

（三）餐椅定位

餐椅定位的基本方法：

①从主人位开始按顺时针方向摆设，操作从餐椅正后方进行。

②用双手握住椅子的椅背两侧，轻轻将椅子往外移出，用膝盖顶住椅背下半部，轻轻将椅子往前推至相应位置。相对餐椅的椅背中心对准，进行定位。

③餐椅边沿与下垂台布相距1cm或相切。

④餐椅之间距离基本相等，尤其是餐桌长边的两张餐椅之间的距离要均等。

（四）摆放展示盘

展示盘，又称装饰盘。展示盘摆放的基本方法为：

①将口布或服务巾两次对折后，呈正方形，将展示盘放置在口布上，用左手托起展示盘（见图3-25）。

②定位时，手拿装饰盘的手法，与中餐不同，需右手持盘，采用抠盘的方式，握展示盘右侧操作（见图3-26）。

图 3-25 托展示盘

图 3-26 展示盘定位

③从主人位开始顺时针方向摆设。

④定位时要求展示盘中心与餐椅中心对准（见图 3-27）。

⑤展示盘之间的距离均等（见图 3-28）。

图 3-27 展示盘与餐椅中心对准

图 3-28 展示盘间距均等

（五）摆放刀、叉、勺

刀、叉、勺的摆放是西餐宴会台面设计的关键，每件餐具摆放的位置要准确、合理，符合规范，摆放过程中的操作动作要轻，拿餐具的方法要正确，餐具之间的距离要符合规定要求。具体摆放方法和要求如下：

①首先，将开胃品刀叉、汤勺、鱼刀叉、主刀叉、甜品叉、甜品勺等整理好放入

托盘。可以根据操作习惯选用圆形托盘或方形托盘（见图3-29）。

②从主人位右侧开始顺时针方向摆设。摆餐具时，左手托托盘，右手放置餐具。餐具拿法是：右手大拇指与食指抓餐具颈部的两侧，应尽量减少手指和餐具的接触面积，以免在铮亮的不锈钢餐具上留下指纹印或手指痕迹（见图3-30）。

图3-29　摆放餐具的托盘　　　　　　　　图3-30　摆餐具

③摆放餐具时，从展示盘边开始，刀、叉、勺由内向外摆放。先从展示盘右侧1cm起，从左到右，依次摆放主菜刀、鱼刀、汤勺、开胃品刀，所有刀勺垂直于桌边沿，刀与刀间距均等。

④再从装饰盘上方1cm起，从下往上，平行于桌边沿摆放甜品叉（叉头朝右）、甜品勺（勺头朝左），叉与勺间距均等（见图3-31）。

⑤最后走向主人位左侧，从装饰盘左侧1cm起，从右到左，依次摆放主菜叉、鱼叉、开胃品叉，所有餐具垂直于桌边沿，叉与叉间距均等。

⑥刀、叉、勺距西餐桌边沿间距要求均等、美观（见图3-32）。鱼刀、鱼叉与其他餐具距离桌边不同也是一种设计，主要是为了餐具摆放错落有致，增加餐位的美观，实际工作中也可以与其他餐具一样。

图3-31　摆甜品叉勺　　　　　　　　图3-32　摆好餐具后的台面

⑦主人位餐具摆好后，按顺时针方向，依次摆放下个餐位的餐具，直至6个餐位的餐具全部摆完。

（六）摆放面包盘、黄油碟、黄油刀

面包盘（又称吐司盘）、黄油碟、黄油刀是在所有餐位不锈钢餐具摆放完成后再进行摆放的。摆放的基本方法如下：

①将面包盘、黄油刀、黄油碟放入托盘中（见图3-33）。

②左手托托盘，右手放置餐具。从主人位开始顺时针方向摆设，摆放顺序依次为：面包盘、黄油刀、黄油碟（见图3-34）。

图3-33　面包盘等入托盘

图3-34　摆放面包盘等

③摆放面包盘等餐具时，站立在餐位左侧，面包盘右侧边沿在开胃品叉左侧1cm处，面包盘中心和展示盘中心的连线在一条直线上，并与西餐桌边沿平行。

④将黄油刀摆放在面包盘内右侧（具体位置视餐具规格而定，大约在盘内右侧1/3处），黄油刀与其他刀叉平行。

⑤在黄油刀上方摆放黄油碟，黄油碟与黄油刀的刀尖间距均等，黄油碟左侧边沿与面包盘中心线相切。

⑥顺时针摆完全部餐位。

（七）杯具摆放

西餐宴会台面设计中，杯具通常使用三种，即冰水杯、红葡萄酒杯和白葡萄酒杯。由于托盘空间有限，摆放杯具时通常分两次进行，也就是每次摆放三个餐位。三套杯摆放的基本方法如下：

①先将第一批的3只水杯、3只红葡萄酒杯、3只白葡萄酒杯整理放入托盘（见图

3-35）。用正确的方法将杯子托到餐位旁。

②从主人位开始，按顺时针方向摆放。摆放顺序依次为：白葡萄酒杯、红葡萄酒杯、水杯（见图3-36）。

图3-35　三套杯装盘

图3-36　摆放杯具

③站立在餐位右侧，首先放入白葡萄酒杯，摆放位置在开胃品刀的正上方，杯底中心在开胃品刀的中心线上，杯底与开胃品刀尖距离均等。

④三杯呈斜直线，向左与水平线呈45度角，各杯身之间相距均等。杯间距按照约定俗成的方法，敞口形郁金香杯通常是按照两杯最接近的距离点计算，圆肚子的酒杯则按照杯肚之间的距离计算（见图3-37）。

图3-37　杯间距

⑤摆放杯具时，一般手持杯脚操作。对于直筒形杯具，通常拿杯子的下半部，切忌拿杯口部分。

⑥沿顺时针方向走回工作台，将剩余3套杯整理装盘，并按照同样的方式，顺时针进行摆放。

（八）摆放中心装饰物

中心装饰物是每个台面主题展现的重要内容，因此，每个选手都进行了精心准备和设计。大多数情况下，中心装饰物都会有一个底盘，各种小件装饰物在底盘上有设计地摆放，形成完整的装饰主景。

操作时，中心装饰物可以徒手摆放（见图3-38）。选手可以将设计好的装饰物一次性摆放在餐桌中央，也可以分批组合，形成整体。

图3-38　装饰物摆放

西餐宴会服务赛项的装饰物要求放置于餐桌中央位置，两侧均等地压在台布中线上，不能偏移。此外，为了美观和用餐需要，装饰物主体高度不能超过30cm，因为超过此高度将会遮挡客人视线，不便于客人交流。

（九）摆放烛台

烛台是西餐宴会台面设计中能够起到画龙点睛作用的物件，常见的有三头烛台、五头烛台等，近几年开始流行单头烛台，且蜡烛的颜色也多姿多彩，可以很好地与主题台面的色彩相呼应。

图3-39　摆放烛台

烛台摆放通常也是采用徒手操作的方式进行（见图3-39）。摆放时，要求烛台与中心装饰物（或花瓶、花坛及其他装饰）距离均等，并未强调两边间距20cm，因为主题台面中心装饰物的设计变化较大，这样可以给中心装饰物留出足够的设计空间，从而使台面更丰富多彩。此外，烛台底座中心压台布中凸线、两个烛台方向一致，并与杯具所呈直线平行等要求都属于烛台摆放的基本要求。

（十）摆放椒盐瓶、牙签盅

椒盐瓶、牙签盅摆放的基本方法为：

①将 2 套牙签盅、椒盐瓶整理放入托盘。

②牙签盅定位。牙签盅与烛台相距 10cm，牙签盅底座中心压在台布中凸线上（见图 3-40）。

③椒盐瓶定位。椒盐瓶与牙签盅间距均等；椒盐瓶两瓶间距均等；左椒右盐；椒盐瓶间距中心对准台布中凸线，分列在台布中缝两侧，两瓶连线与中缝垂直。

图 3-40　摆放椒盐瓶、牙签盅

（十一）餐巾折花

西餐宴会服务赛项中要求台面设计的餐巾折花采用盘花，并要求突出正副主人位，也就是说，6 个餐位，只需要折 3 种花型即可。

餐巾折花要求在提供的平盘中进行，折叠方式不限，给选手在花型选择上留出了巨大发挥的空间。因此，餐巾折花可以很好地与台面主题相结合，并适当展现台面主题思想（见图 3-41）。

图 3-41　餐巾折花

三、台面检查

西餐宴会摆台操作完成所有操作项目后，选手应该学会对整个台面进行检查。台面检查的目的是纠正前面操作中由于赶时间而造成的不必要的错误，适当调整摆放不正确、不整齐的餐器具，确保台面完整、美观。

台面检查的方法是重点对照比赛规程中相关标准，从主人位开始，围绕台面顺时针转一圈，找出前面操作错误，并进行修正。

台面检查的重点是"五纵五横两平行"。具体如下：

"五纵"即从主人位右侧开始，有五条纵线，检查上面的物品是否均整齐成线，符合规范。

第一条纵线是餐桌长边右侧的餐位上的餐具离桌边距离均等，成一条直线。

第二条纵线是餐桌长边右侧的餐位上的甜品叉匙成直线。

第三条纵线是台布中心线上各项物品均压中线，无偏差。

第四条纵线是餐桌长边左侧的餐位上的甜品叉匙成直线。

第五条纵线是餐桌长边左侧的餐位上的餐具离桌边距离均等，成一条直线。

"五横"是站在餐桌长边开始，有五条直线，检查上面的物品是否均整齐成线，符合规范。

第一条横线是主人位所有餐具离桌边距离均等，成一条直线。

第二条横线是2号位客人椅背中心、展示盘与6号位客人椅背中心、展示盘成一条直线。

第三条横线是两块台布交叉重叠中心线与中心装饰物中心线成一条直线。

第四条横线是3号位客人椅背中心、展示盘与5号位客人椅背中心、展示盘成一条直线。

第五条横线是副主人位所有餐具离桌边距离均等，成一条直线。

"两平行"是指长边对应的餐位的三杯是否平行。

这样，从主人位开始，按照"五纵五横两平行"的方法围绕台面转一圈，即可发现摆放不到位的餐器具，发现后进行调整，确保所有餐具摆放到位，确保整个台面美观大方。

任务 2　英语解说

英语台面主题介绍及知识问答要求选手在西餐宴会摆台结束后，用英语介绍台面设计主题、设计思路，并现场回答一个根据台面主题设计提出的问题。另外，选手需现场抽签，用英语回答一个西餐服务基础知识问题。

这一比赛内容的设定，主要是考核选手西餐服务英语的综合运用能力以及对西餐基础知识的掌握程度。

一、主题台面介绍

主题台面介绍内容是基础，也是选手进行介绍的关键，无论选手英语表达水平和能力如何，主题台面设计内容不完整，也会影响到最后的评分。总体来说，主题创意说明应该包括以下几个方面：

（一）主题名称

用非常简洁、能够充分表达主题创意的词汇或短语作为主题的名称。主题名称要求一目了然，能表达清楚整个主题的含义，如"快乐圣诞节""万圣节之夜""玫瑰情人节"，等等。

（二）主题创意灵感来源

任何一个宴会台面主题设计都会有一个出处，也就是我们说的创作灵感的源泉。2017年要求围绕西方传统节日进行台面主题设计与布置，圣诞节、复活节、万圣节等西方著名传统节日成为大家的首选。

（三）主题创意表现

在西餐宴会台面设计中，中心装饰物的设计是主题创意的主要表现物。

主题台面介绍必须将中心装饰物的设计思路，以及表达主题的内容和方式做具体说明。例如一款"情人节"的主题台面对中心装饰物的设计的介绍为：台面中心饰物采用插花与实物相结合的造景方式，现代风长方形底盘铺以水晶，两端插以象征高雅、纯洁、永恒的马蹄莲及象征爱情的玫瑰，中间以拱形线条连接，透明水晶钢琴位于拱形下方，仿佛一对恋人从"爱情之桥"两端的玫瑰花丛中冲向彼此的怀抱，在《致爱丽丝》的美妙音符下相拥；朝向餐台中央的马蹄莲餐巾花形仿佛一群观众，手捧水晶向恋人送去美好的祝福。

（四）台面各元素与主题的呼应

西餐宴会主题设计中各台面元素如何围绕主题进行设计，是台面设计创意的重要内容。一个主题创意说明，仅仅靠中心装饰物很难表现清楚，需要诸如展示盘、餐具、口布、椅套等其他因素的配合，各种元素共同组成一个完整的、主题清晰的台面。例如主题为"童话王国的圣诞节"的台面在各元素与主题呼应的关系上是这样描述的：餐桌铺上一张雪白的桌布，像极了北欧冬日里的冰雪世界。每个餐盘摆好印有圣诞图案的口布，红、绿、白相间的格子一下将节日氛围显现出来，活泼生动。最抢眼的是餐桌中心的装饰——在一片由松枝塔打造的丛林中立着一只精美的旋转木马八音盒。乳白色的底座上镶满了金色的树叶，上面晶莹剔透的水晶球里几匹神态各异的木马跟随音乐翩翩旋转起舞，发出七彩柔和的光，如梦如幻。中心装饰的两侧各摆上一只水晶烛台，璀璨夺目，上面插着白色的蜡烛，整个场景让人仿佛置身于童话城堡，每个人都成了王子、公主。每个椅套上印着不同的安徒生童话故事，有《海的女儿》《拇指姑娘》《野天鹅》等。

二、主题问答

西餐宴会主题设计英语介绍与知识问答是在台面设计内容的基础上，考核选手的语言表达能力和解说能力。

围绕主题进行的知识问答主要是考察选手对主题设计的真正理解，以及与主题相关联的知识的掌握程度。知识问答没有固定的问题，由裁判现场根据主题提问，主要看选手能否真的理解主题，并能听懂裁判的提问。

由此可见，西餐宴会服务比赛选手的英语基础非常重要，如果仅仅能背诵主题，就不能应对相关的知识问答，这也是该项目拿分的关键。

在英语台面主题介绍及知识问答评判标准中，重点关注三个方面的内容。

（一）准确性

主要包括三项内容：一是选手语音语调的准确性；二是主题介绍内容所使用的英语语法和词汇的准确性；三是围绕主题的问题回答正确。

（二）熟练性

主要考核选手对西餐宴会服务岗位的专业英语词汇、语句的掌握程度。例如：英语台面主题介绍及知识问答中涉及到的各类餐器具的英语表述，在菜肴服务、酒水服务中涉及到的服务语言的运用等。

（三）语言表述

语言表述包括整体表述的简练性、清晰度和遣词造句的规范性。西餐宴会主题台面英文介绍的主要方式是选手现场向评委口头介绍，这就要求选手应该使用相对口语化的、简洁的语言来表述相关内容，切忌死记硬背，特别是使用过于生僻的词汇、复杂的语法来做介绍，这些都会引起选手的紧张，从而不能流畅地进行表述。针对裁判提出的问题，选手应对主题理解透彻，正确地回答问题。

三、英语解说常见的问题

从西餐宴会服务赛项比赛情况来看，在英语台面主题介绍及知识问答环节，选手常犯的错误有以下几个方面：

（一）背台词而不是讲主题

部分选手在进行台面主题介绍时，不是"讲"，而是"背"，将事先写好的主题创意说明一字不落、完整地背完。与裁判之间没有目光交流，与台面布置的内容没有任何联系，缺乏现场感。

（二）英语口语表达缺乏技巧

在介绍中，一些选手因为没有完全掌握主题内容，因此，语音语调生硬，不会运用朗诵时应该运用的意群停顿。例如句子结束选择句号，应该给予充分的停顿；选择逗号，应该稍微停顿再继续。假如不停顿，让听者难以理解。部分选手语音语调平淡，甚至因为紧张、背诵等，显得结结巴巴或者语速过快。

（三）不理解主题的真正意思

一些选手不了解主题的真实含义，在介绍中无法用英语进行交流与沟通，当问及与介绍内容相关的问题时听不懂或回答不出来，即使是简单的问题，都无法回答，仍然离不开一个背字。服务业注重给顾客留下的是一段经历、一段体验、一段感受，选手最好是从自己的经历、体验或感受来回答问题。

（四）解说词由老师或他人代写

解说词是由老师或他人代写，或是对中文解说词字对字的翻译。这样做的弊端是，教师的英语水平远远高于学生，他们所写的东西选手不理解，选手只能死记硬背，不能反映选手真实的外语能力。

（五）忽视口语的特点

解说中大量使用长词、生僻词、复杂句、书面语，这就给口语解说带来了麻烦，使得英语解说不够流畅，不够通俗易懂。

（六）按照中文说明进行直译

一些主题创意说明是按照中文语法结构、句式进行的字对字的翻译，不是真正的英文，或者只是英文单词的堆砌，生搬硬套，甚至凭想象翻译出一些中式英文。

四、知识问答

2017年西餐宴会服务赛项在英语台面主题介绍部分增加了西餐服务知识问答环节，要求选手现场抽签，用英语回答一个西餐服务基础知识的问题。

本次比赛提供了40道相关的西餐服务知识题，并于赛前一个月在网上公开发布，选手可以提前准备。

在知识问答评判标准中，重点包括两个方面的内容：一是准确性。包括选手语音语调、句式的完整性以及词汇的准确性。二是语言表述。指选手语言表述简练、清晰、规范、流畅。

部分选手不熟悉题库，或者因为紧张，没有听清楚问题，出现了回答不完整、不流畅或者不准确的情况。

五、英语台面主题介绍写作技巧

英语台面主题介绍的写作有一些技巧。

首先，指导老师应该同选手一起讨论，对主题进行研究，分析主题相关联的各类信息，尽量多地掌握相关知识，对主题及设计理念有较为深入的了解。

其次，尽量由选手自己撰写英语主题解说词，指导教师进行指导和修改。

再者，尽量使用简单的、自己懂的英语进行表述，避免使用大词、长词、生僻的词。考虑到口语特点，尽量避免使用长句子、语法结构复杂的句子。

最后，指导教师对学生的解说词给予指导与帮助，并进行润色处理。

按照这样的程序编写英语台面主题介绍，选手在介绍时才能发挥自如，也才会知道自己想说什么、在说什么、要告诉别人什么。

案例一 "玫瑰情人节"主题设计介绍
ROSE VALENTINE'S DAY

The theme for the banquet is ROSE VALENTINE'S DAY, which is specially designed for three pairs of lovers who have been good friends and want to spend the Valentine's Day together to share their sweetness and pleasure. The design distinguishes itself from others with its remarkable floral decoration of roses.

In terms of the table linens, the tablecloth in the color of glossy rose pink is applied to set up a general atmosphere of romance and loveliness. The napkins are folded in the shapes of rose and lily, which imply the sincere love is as pure as lily and as ardent as red rose. Six white chair covers symbolize the holiness and purity of love.

Besides. a pair of silver candle holders and a set of porcelain table wares with the patterns of curves are used to highlight the magnificence and elegance.

When it comes to the centerpiece, two heart-shaped golden trays are placed at the center of the table and filed with a lot of popular gifts for Valentine's day, like lip stick, perfume, chocolate as well as golden rose. The delicate wooden calendar indicates the dot of Valentine's Day, 14th February, which seems to be reminding the diners that it is the time to display your love and adoration without hesitation. Finally, the white roses add to the romance of the table with its connotation of innocence and purity.

Given the delicate design, the table will definitely give the diners a romantic, fantastic and unforgettable Valentine's Day.

案例二 "绿野仙踪（圣·帕特里克节）"主题设计介绍
The wizard of Oz

The theme of this table setting is called "The wizard of Oz". The inspiration comes from the Saint Patrick's Day.

Shamrocks and leprechauns are symbols of Saint Patrick's Day. Shamrock is a kind of plants with three slices of heart-shaped leaves representing the holy trinity—Heavenly father, Christ child and Heavenly Ghost in religion. Therefore shamrocks became the symbol of the Ireland. And finding the shamrock with four leaves is the symbol of good fortune.

In the Irish legend, Leprechauns is the role of legend. They are shoemakers of fairy who are very short but move fast. And they like playing tricks on people. Like to tie people's two shoelaces together, then they will fall down when standing up.

Elves in green clothes hid many jars full of gold in the tree holes. People who wanted to find the gold would find the shoemaker elves first according to the noise of their hammers and forced them to say which tree had gold in it. There was once a man who indeed found the elf, but he forgot his tools for digging them out. So he tied a yellow handkerchief around the branch of the tree and then went back home. However, when he returned, he discovered that every tree in the forest had been tied a yellow handkerchief to by the elves.

The centerpiece of this table setting is made up of branches, a bird nest and a wreath. The bird nest filled with yellow crystals represent the tree hole hidden with golds in the forest. The flower shaped three-head candlestick and glassware are much like morning glories. The shapes and patterns of the tableware are the ideas of tricks made by the elves. The green table cloth is the embodiment of the forest and energy. Yellow table runner symbolizes the moon in the night sky, shining all the funny stories in the forest.

This table is set for present a lively, colorful living environment and a positive attitude to the life.

从上述两款台面主题设计书可以看出，两份主题创意说明书都较好地将台面设计的创意、餐台上各类物件与主题的关系等表述得非常清楚。说明书内容完整，表述清晰，基本符合主题创意设计的要求。但是，从口头表述的角度来看，这两份设计书仍然存在语句太长、语法过于复杂的问题，选手在表述时很难一口气将一句话说完整。因此，有些部分还需要进一步简化，将一些语法复杂的句子分开来，变成几句话，要考虑英语口语表达的特点。

此外，"绿野仙踪"这个节日并不是大家普遍熟悉的节日，其中的专有术语和名词较多，不容易被一般人所理解和听懂，选手自己也对这些词汇不易掌握，所以，在表述时难免显得生涩。

任务 3 　西餐服务

西餐服务是 2017 年西餐宴会服务赛项新增加的比赛内容，要求选手根据现场提供的菜单，为三个餐位的客人斟倒冰水、撤换餐具并提供侍酒服务，包括撤掉多余的餐具、开红葡萄酒，并进行斟酒服务。

这一比赛内容的设定，主要是考核选手对西餐服务知识和技能的掌握程度，以及服务的规范性。

西餐服务是在 2015—2016 年赛项中菜单制作的基础上调整的比赛内容。比赛的重点包括阅读菜单，并根据菜单调整餐具；红葡萄酒开瓶；斟冰水和葡萄酒等几项主要内容。这些比赛内容都是西餐服务中的核心内容，也是考核选手西餐服务技能的重要内容。

一、认识西餐菜单

（一）传统西餐宴会上菜顺序

一般情况下，传统的西餐正餐由下列八道菜肴组成。其菜序既复杂又非常讲究。

1. 开胃菜

开胃菜又称开味菜、开胃小菜，西餐中也叫头盆、前菜，食用时间通常在主菜上菜之前，有时也和主菜一起上，但不影响主菜。开胃菜的主要功能是刺激味蕾，以达到增强食欲的目的。这些菜肴的量和味道都和主菜完全不同。

开胃菜一般风味独特，有一些咸味或酸味，菜肴量较少，通常以水果、蔬菜为主。此外还有腌制或熏制的海鲜、肉类，或用新鲜的水产配以美味的汁，及一些酸菜沙拉等。常见的品种有：

（1）鱼子酱（Caviar）

是鲟鱼（Sturgeon）或三文鱼（Salmon）的鱼卵（Roe），经腌制而成，以黑色和鲜红色最为名贵。食用时一般配多士、柠檬（Lemon）、蛋黄、蛋白（Egg Yolk，Egg White）、洋葱碎（Chopped Onion）。

（2）鹅肝［(Foie Gras（F）］

用强制喂食储肥的鹅肝，可作鹅肝酱（Terrine），或嵌入面包、馏饼中制成烘干的酥皮卷（Goose Liverin-Pastry），也可加红酒（Red Wine）和香料水果（如苹果）煎制后食用。

（3）腌银鱼（Anchovy）

银鱼属沙丁鱼，被腌后加橄榄油（Olive Oil）浸制而成腌银鱼。这也是西餐中常用的调味原料。

（4）生蚝（Fresh Oyster）

用新鲜的生蚝（牡蛎）加柠檬汁、鸡尾汁（番茄汁加辣油汁）、生蚝汁、醋（Vinegar）、干葱（Shallot）、白兰地（Brandy）食用；也可在生蚝面上加不同香料烘制（Gratinee）而成。

（5）熏三文鱼（Smoked Salmon）

将三文鱼用烟熏制而成，食用应搭配柠檬、洋葱片等。现也有不少人喜欢吃生三文鱼（Fresh -Salmon），食用时要配日本芥末（Japanese Mustard）。

（6）蜗牛（Escargot）

以蜗牛为原料，有多种烹制方法，一般是用各种香料和白酒（White Wine）填馅后烘制（Baked）而成。

（7）小虾鸡尾杯（Shrimp Cocktail）

在小杯内混合放一些蔬菜和煮熟的小虾（Shrimp），食用时配柠檬和鸡尾汁（Cocktail Sauce）。

（8）一些腌制食品制成的菜肴

如：巴麻火腿（Parma Ham）、意式沙拉米（Salami Sausages）、烟制海鲜（Smoked Eel、Oyster、OX-Tongue、Salmon、Trout等）切成片铺放在有生菜（Lettuce）的碟上。

2. 面包

西餐正餐面包一般以切片面包为主，此外还有牛角包（Croissant）、全麦包（Whole -Wheat Bread）等。吃面包时，可根据个人口味，涂上黄油、果酱或奶酪。

3. 汤

西餐中的汤有两大类，即浓汤和清汤。汤的品种也很多，比较有特色的是罗宋汤、蘑菇忌廉汤、意大利蔬菜汤、法式洋葱汤。汤很讲究，西餐中的汤一般都比较浓郁，熬制时间长，味道多样，而且很多有甜甜的奶油香味。

4. 主菜

西餐主菜的内容十分广泛，包括了水产类菜肴、畜肉类菜肴、禽肉类菜肴和蔬菜菜肴。

正式的西餐宴会上，一般要上一个冷菜（开胃菜或冷菜）、两个热菜。两个热菜中，通常先上一个鱼类菜，由鱼或虾以及蔬菜组成。另一个是肉类菜，这是西餐中的大菜，也称为主菜，从生产原料来看，主要有牛、羊、猪、家禽、野味、海鲜等。肉类菜肴主要生产方法有煎、炸、烤、扒、焖、蒸等。上主菜时一般需要使用蔬菜作为配菜，偶尔也会用面条、米饭作为配菜，配菜常置于主菜的上端，配菜与主菜合理搭配，既保持菜肴营养均衡，又使出品和谐统一。汁（Sauce）是传统西餐主菜调味中不可缺少的东西，一般包括黑椒汁、蘑菇汁、红酒汁等。

5. 点心

一般正式西餐用过主菜后，还要上一些蛋糕、饼干、吐司、三明治等西式点心。

6. 甜品

点心之后，接着上甜品，最常见的有冰激凌、布丁、莫斯等。

7. 水果

吃完甜品，一般还要摆上干鲜果品。

8. 热饮

在宴会结束前，还要为用餐者提供热饮，一般为红茶或咖啡，以帮助消化。西餐的热饮，可以在餐桌上饮用，也可以换个地方，到休息室或客厅去喝。

（二）现代西餐宴会菜单内容

随着时代的进步和发展，西餐进餐方式也在发生变化。现代西餐宴会用餐内容在传统宴会基础上已经大大简化，用餐菜肴的道数也略有减少。常见的菜肴包括：

①开胃菜；

②汤；

③副盘（沙拉或鱼类菜肴）；

④主菜；

⑤甜品；

⑥咖啡或茶。

（三）菜肴与酒水搭配

西餐用餐十分讲究菜肴与酒水的合理搭配。以酒配菜，相得益彰。人们在长期的饮食过程中总结出了一套菜肴与酒水搭配的基本规律，即口味清淡的菜式与香味淡雅、色泽较浅的酒品相配，深色的肉禽类菜肴与香味浓郁的酒品相配，餐前选用旨在开胃的各式酒品，餐后选用各式甜酒以助消化。

西餐用餐过程中很少使用烈性酒，基本是以葡萄酒作为主要的配酒，根据用餐习惯，葡萄酒分为餐前酒、佐餐酒和餐后甜酒三类。

1. 餐前酒

也叫开胃酒。是在用餐之前饮用，或在吃开胃菜时饮用。开胃酒除具有生津开胃功能的葡萄酒外，更多使用的是以葡萄酒为酒基生产的专门的开胃酒，如法国和意大利产的味美思等；此外也可以使用具有开胃功能的鸡尾酒。

2. 佐餐酒

是在正式用餐期间佐助主要菜肴的酒水。选择佐餐酒的一条重要原则是"白酒配白肉，红酒配红肉"，白肉主要包括鱼肉、海鲜等，需要用白葡萄酒佐助；红肉指的是猪、牛、羊肉等，需要用红葡萄酒佐助。

3. 餐后酒

主要是餐后饮用、用以助消化的酒水。常用的有酒精度数相对高一些的葡萄酒，或者以葡萄酒为酒基生产的强化葡萄酒。

二、比赛菜单认知

2017年西餐宴会服务赛项中西餐服务比赛的第一步就是要求选手现场阅读菜单，并根据菜单撤换餐具。

现场提供的菜单是在前两年标准宴会菜单制作基础上的演变。经过前两届的比赛，指导老师与选手应该对西餐宴会的标准菜单有了全面的认知，而本次比赛是在一份完整的西餐宴会菜单中抽去一道菜肴，根据菜单中所缺的菜肴，将相应的餐具撤掉。因此，能正确识别菜单是关键。

根据西餐宴会摆台中的餐具情况，可以判断，我们摆出的宴会台面，可能提供的菜肴应该包括以下内容：

①开胃菜；

②汤；

③鱼类菜肴　　配白葡萄酒；

④主菜（肉类）　配红葡萄酒；

⑤甜品；

⑥咖啡或茶。

上述产品中在餐台上均能找到对应的餐具（咖啡或茶除外），如果菜单中缺少了哪类菜，就应该将相应的餐具撤掉；缺少哪类酒，就应该将相应的酒杯撤掉。

下例为本次比赛的菜单样本，不同的是，比赛中使用的24套菜单均只是提供了菜名和酒名，而不是菜肴类别，这也使得一部分选手有些找不到感觉。

1号位	3号位	5号位
传统意大利什菜汤 Minestrone 意大利焗鳜鱼 Baked Mandarin Fish Italian Style 威尼托科奇拉莎当妮 Allegrini Corte Glara Chardonnay T骨牛排 T-bone Steak with Black Pepper Sauce 拉斯康得酒庄梅乐 Las Condes，Merlot 巧克力布朗尼 Chocolate Brownie with Pecan Nut Coffee Or Tea	牛油果龙虾沙拉 Avocado Tartar and Canadian Lobster 传统意大利什菜汤 Minestrone 西冷牛排配荷兰汁 Sirloin Steak with Hollandaise Sauce 派客酒庄西拉 Pikes Eastside Shiraz 姜汁法式炖蛋 Egg Custard with Ginger Juice Coffee Or Tea	法式鹅肝酱 Goose Liver with Brioche Toast 洋葱汤 French Onion Soup 鲜虾慕斯焗龙脷鱼卷 Roll of Sole Stuffed with Mousse of Shrimps 杰卡斯蕊斯林 Jabob's Creek，Riesling 法式巧克力慕斯 Three Ways of Valrhona Chocolate Mousse Coffee Or Tea

三、撤餐具服务

撤餐具服务是在阅读菜单的基础上进行的服务操作。

选手在阅读菜单时需要掌握以下内容：

①该宴会菜单规定的服务对象是哪几个餐位？

②每个被服务的餐位菜单中缺少哪类菜肴？

③每个被服务的餐位需要提供什么葡萄酒？

记住了上述内容后，方可进行操作。撤餐具操作可以一次性完成所有餐位的餐具的撤换，也可以将撤餐具和杯具分两次进行。

选手撤完全部餐具后需要再进行核对，如果发现错误，可以及时调整。

下面，以其中一套菜单为例进行详细描述。

1号位	2号位	6号位
牛油果龙虾沙拉 Avocado Tartar and Canadian Lobster 香煎银鳕鱼 Pan-fried Cod Fish with Pine nuts 威尼托科奇拉莎当妮 Allegrini Corte Glara Chardonnay 西冷牛排配荷兰汁 Sirloin Steak with Hollandaise Sauce 派客酒庄西拉 Pikes Eastside Shiraz 姜汁法式炖蛋 Egg Custard with Ginger Juice Coffee Or Tea	烟熏三文鱼 Smoked Salmon with Caper 圣日耳曼青豆汤 Green Pea Soup with Ham Serrano Chips 西冷牛排配荷兰汁 Sirloin Steak with Hollandaise Sauce 路易亚都世家黑皮诺 Louis Jadot Pinot Noir 法式巧克力慕斯 Three Ways of Valrhona Chocolate Mousse Coffee Or Tea	洋葱汤 French Onion Soup 茴香烩海鲈 Sea Bass with Fenouil Confit 威尼托科奇拉莎当妮 Allegrini Corte Glara Chardonnay 烤猪柳配苹果汁 Roasted Pork Loin with Apple Sauce 暖苹果挞配香草雪糕 Warm Apple Tart Tatin with Vanilla Ice Cream Coffee Or Tea

从上述菜单可以确定：

①本菜单要求为 1、2、6 号位的三位客人提供服务，因此，只需要调整这三个餐位的餐器具，其他餐位的餐器具不必动。

②1 号位客人的菜单中缺少了汤，因此，需要将汤勺撤掉。

③2 号位客人的菜单中缺少了鱼和白葡萄酒，因此要将鱼刀鱼叉、白葡萄酒杯撤掉。

④6 号位客人的菜单中缺少了开胃菜和红葡萄酒，因此，要将开胃品刀叉、红葡萄酒杯撤掉。

在撤掉上述餐具和杯具时，需要进行适当调整，保持餐位上餐具的整齐。调整的原则是以展示盘、冰水杯为中心，其他餐具向它们靠拢。例如，2 号位撤掉了鱼刀鱼叉，就要将汤勺、开胃品刀叉往主菜刀叉旁边移动，保持餐具间距离均等、匀称。

从西餐服务的比赛现场来看，部分选手存在撤换餐具时菜单不熟悉的情况，撤换一个餐位看一次菜单，导致服务的不连贯；还存在部分选手不理解菜单内容，不懂得抽取的菜单上面所列菜品属于六道菜肴里的哪一道，导致撤错餐具的情况发生；还有部分选手对酒水搭配知识不了解，出现撤错葡萄酒杯的情形。

四、酒水服务

（一）红葡萄酒开瓶

1. 海马刀

本次比赛考察选手使用海马刀开启红葡萄酒的操作技能。海马刀是侍酒师常备的开酒工具，有"开瓶器之王"的称号，酒刀两级的支点更方便而且更省力地开好一瓶葡萄酒。海马刀（见图 3-42）由啤酒开（开啤酒和拔木塞时作为支点）、螺丝钻和带锯齿小刀三个主要部分组成，美观轻便。

2. 开瓶步骤

①将酒瓶擦干净，先用小刀沿着瓶口的圆圈状突出部位，切开封瓶口的锡箔（见图 3-43）。注意割封口过程中是转手，不要转瓶子，如果是老酒的话，瓶底会有正常的沉淀，转瓶子就会让沉淀漂起。处理锡制瓶盖时要十分小心，保证胶帽边缘整齐（见图 3-44）。

图 3-42　海马刀

图 3-43　割封口

图 3-44　胶帽边缘整齐

②用餐布或纸巾将瓶口擦拭干净（见图 3-45）。

图 3-45　擦瓶口

③将开瓶器的螺丝钻尖端插入软木塞的中心（见图 3-46），然后直立螺旋钻，顺时针方向缓缓旋转钻入软木塞中。注意不要将螺丝钻一次全钻进去，留下一环为宜（见图 3-47）。因为不知道软木塞的长短，如果一次就把螺丝钻全钻到底，会穿过木塞，将软木屑洒到酒内。

图 3-46　插入螺丝钻尖端

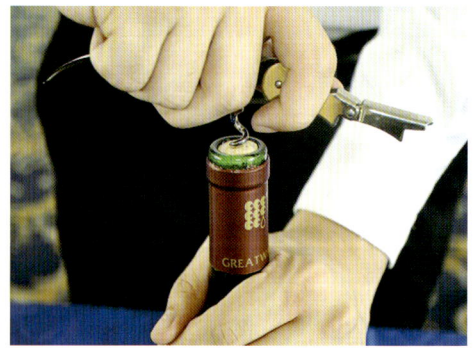
图 3-47　钻入螺旋钻

④先将第一个活动关节扣住瓶口，用左手紧紧握住；再用右手将手把直直地提起来（见图3-48）。注意：左手一定要握紧，而右手是"提"而不是推，否则容易将软木塞推断。另外，提也会比较省力，因为施力臂愈长愈省力。

⑤软木塞出来一半时，再将第二关节扣住瓶口，重复之前的动作（见图3-49）。

图3-48　开瓶1

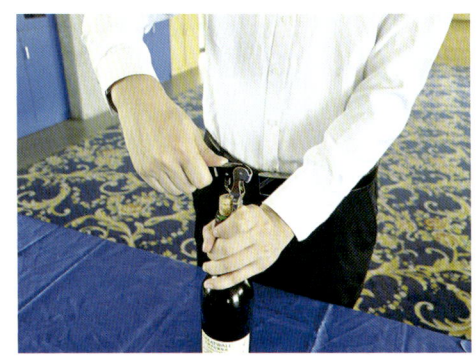

图3-49　开瓶2

⑥感觉到软木塞快拔出时就停住，用手握住木塞，轻轻晃动或转动（见图3-50），优雅地拔出木塞。

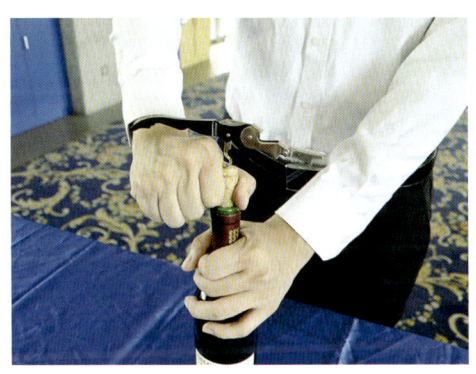

图3-50　晃动拔出木塞

（二）斟倒酒水

西餐宴会服务赛项要求选手为菜单上标注的3个餐位的客人提供斟倒酒水服务，包括冰水、红葡萄酒、白葡萄酒。

冰水和白葡萄酒可以直接斟倒，红葡萄酒需要提供示酒、鉴酒等侍酒服务。

斟倒酒水的顺序是冰水、白葡萄酒、红葡萄酒。斟酒水量为3~5成。

斟倒酒水的基本方法：

①斟倒冰水

在客人右侧服务（见图3-51），水倒入杯中3~5成满，结束时需要用口布将扎壶口进行擦拭，要求各杯水容量均等（见图3-52）。

图3-51　斟水　　　　　　　　图3-52　擦拭扎壶口

②斟倒白葡萄酒

用口布折叠成条状，进行包瓶，然后进行斟酒。白葡萄酒因为服务时需要冰镇，从冰桶拿出后会有水滴，因此，服务时需要包瓶（见图3-53）。

图3-53　白葡萄酒包瓶

③服务红葡萄酒

a. 示酒。红葡萄酒开瓶前，首先给主人（或第一位点红葡萄酒的客人）示酒。示酒的方法是：站在客人右侧，一手托瓶底，一手扶瓶颈，酒标朝向客人，报出酒名，请客人验证。客人确认后，再至工作台开瓶。

b. 开瓶。

c. 鉴酒。给主人（或第一位点红葡萄酒的客人）杯中斟30ml左右，请客人品鉴，待客人确认后，再进行斟酒。

d. 斟酒。两种方法：一种是待主人确认后，先给主人杯中斟至合适量的酒，再给下一位客人斟酒；一种是主人鉴酒确认后，给下一位点红葡萄酒的客人斟酒，然后回到主人位，给主人斟上。后一种方法更常用一些。

　　④斟酒水时，要将葡萄酒的商标朝向客人。

　　⑤斟完酒后停、抬、转、收一气呵成，然后用服务巾擦拭瓶口，做到不滴不洒。

　　⑥按照比赛规程，冰水和红、白葡萄酒的斟酒量为3~5成，具体酒量由选手自己掌握。但是，相同酒品在不同酒杯中的酒量必须相等。

任务 4　酒水调制

　　酒水调制是西餐服务的重要服务技能之一。在正规西餐宴会服务中，服务员必须懂得鸡尾酒的调制方法，掌握酒水服务的基本技能。

　　在西餐宴会服务赛项中，设置了酒水调制项目，每位选手现场调制一杯抽签鸡尾酒和一杯可以用作开胃酒的自创鸡尾酒。其中，抽签酒选择了五款比较经典的鸡尾酒，由选手现场抽签，现场调制其中一款，抽签鸡尾酒基本都是采用摇和法调制。

　　开胃酒又称餐前酒，使人在餐前喝了能够刺激胃口、增加食欲。用作开胃酒的自创鸡尾酒，又称为餐前开胃鸡尾酒。在餐前饮用，起生津开胃之妙用，这类鸡尾酒通常含糖分较少，口味或酸或甘洌，即使是甜型餐前鸡尾酒，口味也不是十分甜腻。

　　这一比赛内容的设定，主要是考核选手对鸡尾酒调制方法和操作的基本规范的掌握程度。今年新设计的自创鸡尾酒调制，既考察选手对酒水知识的认知，也考察选手对鸡尾酒创作原则的掌握和鸡尾酒的创新能力。

一、鸡尾酒常见调制方法

　　现代鸡尾酒发展的一个基本特征就是调制方法的确定。鸡尾酒种类繁多，风格各异，款式变化万千，但就其调制的基本方法却有一定的规律可循，概括起来有四种调制的基本方法，即摇和法、调和法、搅和法和兑和法。

（一）摇和法（Shake）

　　摇和法又称为摇荡法、摇晃法。所谓摇和法就是将冰块和调酒材料按照配方的要求，依照一定的顺序放入摇酒壶中，采用摇荡的方式，使调酒材料充分混合的调酒方法。

　　通常鸡尾酒采用摇荡法调制，目的是将较难混合在一起的柠檬汁、果汁、糖、牛奶、鸡蛋等材料充分融合在一起，或者在摇荡的过程中，使混合酒品迅速达到冰镇冷却的效果，并能够适当地稀释和降低酒精含量。

摇动摇酒壶时，须保持身体稳定，姿态自然优美，动作协调。小号的摇酒壶可采用单手摇，主要用右手，方法是：右手食指卡住壶盖，其余四指均匀地握住壶身，依靠手腕的力量用力摇荡；同时前臂在胸前斜向上下方摇动，使酒液充分混合。中、大号的摇酒酒壶可采用双手摇，方法是：左手的中指托住壶底，食指、无名指及小指夹住壶身，拇指压住滤冰器；右手的拇指压住壶盖，其余四指均匀地扶住壶身，双手配合将调酒壶举至胸前，在胸前呈45°方向用力呈活塞运动状摇动，摇动的路线可按斜上→胸前→斜下→胸前进行。

摇酒时的注意事项：

①调酒原料在摇酒壶中的投入顺序依次为：适量的冰块→辅料→基酒。冰块应新鲜，不宜使用碎冰。在英式调酒中，也提倡最后放冰块，其主要原因是减缓冰块的融化速度，保持酒品应有的口味。

②每次调制鸡尾酒的量不宜太多，壶内应留有一定的空间。

③无论采用单手摇还是双手摇，手掌不能紧贴壶身，以免影响酒品的温度。

④含有气泡的调配料如雪碧、可乐、苏打水、汤力水不可加入摇酒壶中摇荡，以免外溢，造成意外或浪费。

⑤普通鸡尾酒摇荡的时间为5~10秒，以手感冰凉为限。加蛋、奶等调配料的鸡尾酒摇荡时间须长些，使酒液充分融合。

⑥摇动摇酒壶时要面带微笑，动作合理，注意摇酒动作的节奏美、韵律美。

（二）调和法（Stir）

调和法是用调酒杯（Mixing Glass）或壁厚的玻璃杯（Large Glass）、吧匙或调酒棒、滤冰器调制鸡尾酒混合饮料的方法。采用调和法，通常用以"马天尼""曼哈顿"等简单鸡尾酒的调制，大部分采用澄清易于混合均匀的主辅料。

调制时，首先在调酒杯中放入适量的冰块，然后按照配方的要求注入辅料、基酒，用左手的食指和拇指握住调酒杯的底部，右手手指夹捻吧匙柄，将匙背贴着调酒杯的内壁按顺时针方向搅动数次，等左手感到冰凉或调酒杯外壁析出水珠时即可将混合酒液滤入鸡尾酒杯中。为了确保酒质，不可剧烈搅动，或搅动时间过长。

（三）兑和法（Build）

兑和法即在载杯中直接调制鸡尾酒等混合饮料，又称为直调法。根据配方的要求，按标准分量将原料酒品直接倒入载杯中，不需搅动（或作轻微搅动）即可。但特殊的鸡尾酒，如"五色彩虹"需将吧匙贴紧杯的内壁，沿吧匙将酒品徐徐倒入杯中，自然分层，以免冲撞混合。

（四）搅和法（Blend）

搅和法是采用果汁机、电动搅拌机调制果子露、雪泥类鸡尾酒等混合饮料的方法。调制时按配方的要求在果汁机或电动搅拌机的混合容器中加入果汁、牛奶、冰激凌、切配的果粒、酒品以及碎冰等物料，碎冰通常是最后加入，启动开关运转 10~20 秒后（可根据成品要求选择搅和档及运转时间），关闭电源开关，待电机运转停止后，取下混合容器，将混合饮品带雪泥一起倒入高杯或特饮杯中，并用吧匙轻微搅动，以免雪泥凝结成块状。根据成品的要求，有的还需要将果渣、冰碴、泡沫等过滤后才装杯。

二、鸡尾酒创作

（一）鸡尾酒创作要素

1. 鸡尾酒创作的目的

通常创作、设计鸡尾酒时一般都包含着两种目的：一种是自我感情的宣泄；另一种是刺激消费。对待自我感情的宣泄，只要不违背鸡尾酒的调制规律，能借助于各种酒在混合过程中产生的前所未有的精神力量，作品应尽可能体现设计者所表达的情感。而刺激消费，是要把这款新设计的鸡尾酒首先看成是商品，要求设计者更好地认识与把握消费者的心理需求，进而善于发现人们潜在的需求因素，从而有效地达到促销的目的。

2. 鸡尾酒的创意

创意，是人们根据需要而形成的设计理念。理念是一款鸡尾酒创新设计的思想内涵和灵魂。能否创作出具有非凡的艺术感染力的作品，绝好的鸡尾酒创意是关键。在鸡尾酒创作过程中，创意一定要新颖，创作者的思路一定要清晰，要善于思考和挖掘，善于想象，不断形成新的理念。

3. 鸡尾酒创作的个性与特点

鸡尾酒创作要突出个性、突出特点。一杯好鸡尾酒的特点是由多方面相互联系、相互作用的个性成分所组成的。因此，在设计新款鸡尾酒时，所面对的材料，都是有限的，即不管酒的种类再繁多，载杯再不断翻新多元化，装饰物再层出不穷、取之不尽，但终究是有极限的。而一旦将其通过人的设计，在调制过程中分类组合，设计出款款不同的鸡尾酒，便成为无限的了。

4. 创造的联想

鸡尾酒所以能超出酒的自然属性，以其艺术魅力扩大消费者范围，很重要的原因是鸡尾酒的联想效果，可以在人的灵魂中探险。由于一款鸡尾酒的设计，要通过色彩、形体、嗅觉、口感为媒介，来表现深藏在设计者内心中的各种情感，如果失去联想力，也就丧失了鸡尾酒的价值，又回复到它的原始属性。在设计鸡尾酒时，安排一切契机去增强创造的联想效果，是绝对不容忽视的。一个美好的幻想、一个美丽的梦想都可以成为一种创新鸡尾酒的最佳创意。

（二）鸡尾酒创作技巧

因为鸡尾酒是一种随机性很强的混合饮料，只要把选用的原料，按照鸡尾酒调制的基本规律和程序，借助自己的审美意识和饮食习惯，便完全可以自由发挥地设计出一款独特的鸡尾酒。

设计鸡尾酒时，可以从多方位、多层次、多侧面去体现创造的需要，反映创造的意念，渲染创造的个性，扩散创造的联想。

1. 时间侧面

时间伴着人生，丰富人生，充实季节，编织年轮。时间与生命紧紧交织在一起，与人类生存息息相关。透过这个侧面，任何人都会有所思、有所想，也就为新款鸡尾酒的设计带来取之不尽的素材与灵感。

图 3-54　青涩

图 3-55　平安夜

2. 空间侧面

空间给我们无限的遐想，结构、材料构成空间，色彩体现空间，人的心灵只有在空间中飞翔，才可能真正体会空间中的天、地、日、月、朝、暮、风、云、雨、露，从而设计出体现空间美的鸡尾酒。

图 3-56 天空之城

3. 博物侧面

世界万物都有其美丽、神奇的方面，无论是日、月、水、土，还是风、霜、雨、雪；无论是绿草，还是鲜花，对万千事物的各种理解，都可以赋予鸡尾酒设计者以美丽、神奇的联想，从而创造出独具魅力的新款鸡尾酒。

图 3-57 黄鹂

4. 典故侧面

精彩的典故，仅凭只言片语，就能形象地点明历史事件，揭示出耐人寻味的人生哲理。巧妙运用典故，会形成鸡尾酒内涵丰富的意念，在外国也多运用这种手法。如"自由古巴"这款鸡尾酒，就是源于古巴挣脱西班牙统治，争取独立时的口号"自由古巴万岁"这样一个典故。

图 3-58　长安·夜

另外，在设计鸡尾酒时，设计者还可以从诸如人物、文字、历史、军事、伦理等一系列角度展开联想，创作鸡尾酒。

（三）鸡尾酒创作方法

鸡尾酒调制的目的就是要混合两种以上的材料，而产生令人愉快的美味，它好比一首曲调，每个音符都有它特殊的性能和地位。

鸡尾酒的创作一般包括立意、选料、制定配方、择杯调制、装饰等几个步骤。

1. 立意

一款好的鸡尾酒带给人的不仅仅是感官的刺激，更多的是视觉艺术的享受、精神的享受。鸡尾酒这种完美境界的实现归根结底在于酒品创作的立意。

立意，也就是要明确创作思想，这是鸡尾酒创作的第一步。立意，又称为创意，即确立鸡尾酒的创作意图。人们借助自身的奇思妙想创造出了鸡尾酒，并且不断在生活中产生灵感，形成新的构思，创造出一款款新的鸡尾酒品种。

好的创意来自于良好的创新意识。良好的创新意识包括炽热的求知欲望、好奇心、创造欲和大胆质疑。鸡尾酒的创作立意是关键，有了好的创意才有可能形成有特色的产品。鸡尾酒创作的立意是多方位、多层次的，既可以源于一件事、一个人，也可以源于一景一物，触景生情，因事抒意，通过创作鸡尾酒来表达对美好事物的憧憬和向往。

寻找鸡尾酒的创意可以从以下几个方面考虑：

（1）因事得意

就是根据一些重大事件或有历史意义的事件产生联想，形成创意。

图3-59 恋曲1997

（2）触景生情

大自然的美好景色历来是各类艺术创作的极佳素材。

图3-60 情定爱琴海

（3）闻乐起意

通过音乐欣赏，深刻体会音乐的含义，领悟音乐所表达的思想情感，同样对鸡尾酒的创作有很大启发。

图 3-61 醉霓裳

（4）其他

能够产生鸡尾酒创意的方面还有很多，如爱情题材、影视题材、典故题材。此外，时间、空间、人物、文化、艺术等方面都可能会使我们产生创作灵感，形成创作意念。

图 3-62 三生三世十里桃花

2．选料

任何一款鸡尾酒，有了好的创意还需要通过酒品来进行具体形象的表达。确定了创意后，认真、准确地选择调配材料就显得十分重要。

（1）基酒的选择

鸡尾酒是由基酒、辅料和装饰物等部分构成的，可以用作基酒的材料很多，如金酒、朗姆酒、伏特加、威士忌、白兰地、特基拉、葡萄酒、香槟酒等都可以用作基酒调制鸡尾酒，中国白酒也越来越多地被用作基酒调制鸡尾酒。

图 3-63　和

（2）辅料的选择

鸡尾酒调制的辅料品种很多，酒性各异。辅料的选择是在选料中最需要技术的工作。能否通过这些调酒材料正确表现酒品的色、香、味，以及表达创作者所要表达的创作意图，很大程度上都在于这些调酒辅料的取舍。调酒辅料的选样是围绕着鸡尾酒的创意进行的，无论是酒的颜色，还是口味都要能非常贴切地表达作者的创作思想，否则，就失去了创作的意义。在选择辅料时要着重注意的有两个方面的问题：一是颜色；二是口味。

图 3-64　清欢

3. 制定配方

确定标准配方，也称制定标准酒谱，是保证酒品色、香、味等诸因素达到并符合规定标准和要求的基础。因此，不论创作什么样的鸡尾酒，都必须制定相应的配方，规定酒品主辅料的构成，描述基本的调制方法和步骤。一旦标准配方形成后，就不再轻易进行变动和更改，这对确保所调制出的鸡尾酒的品质的统一是十分有益的。

4. 择杯

鸡尾酒载杯的选择取决于酒量的大小和创作的需要，所谓酒是体、杯是衣，人靠衣装、酒靠杯装。酒杯是酒品色、香、味、形中"形"的重要组成部分，传统的鸡尾酒杯是三角形或倒梯形的高脚杯。在创作鸡尾酒时选择传统酒杯是一种常见的做法，但为了能更好地表现创作者的创作思想，构造鸡尾酒与众不同的"形"，往往在杯具的

图 3-65　美人蜜

图 3-66　家园

选择上需动一番脑筋。选择自创酒载杯时，一方面可以利用酒吧现有杯具，如常见的鸡尾酒杯、高杯、柯林杯、酸酒杯等；另一方面也可以选择一些与酒品主题相吻合的特型杯。此外，选择杯具时还应考虑载杯的容量、杯具的大小必须符合配方的需要。

5. 调制

创新鸡尾酒在调制过程中必须注意的有两点：一是调制方法的选择；二是根据创作意图进行配方的修改。

调制方法的选择能反映出创作者的创作思路和意图，为了使创作的鸡尾酒与众不同，更具吸引力，很多创作者在选择调酒方法时往往根据酒品或主题的需要，选择两种或两种以上的方法，其目的一是增加制作难度；二是增加调制过程中的表演性。

调制过程实际上就是把构想转变为成品的过程，经过调制而成的鸡尾酒品在色、香、味等诸方面是否与创意相吻合，能否完全表达创作者的意图，需要对酒品再次进行检验才能确定，并通过检验对已形成的配方进行调整和修改，但此时的调整是微调，即对配方中各种材料的用量适当调整，使酒品的色、香、味等因素更和谐、更协调，更能充分表达创作意图。这种调整就如同做化学、物理实验一样，有时需要经过无数次的失败才能取得成功，一旦调整结束，最终的配方就形成了，此时可根据经营的需要，将它制作成标准酒谱，列入酒单进行销售。

6. 装饰

艺术装饰是鸡尾酒调制的最后一道工序，创新鸡尾酒也不例外。装饰有两个目的：一是调味；二是点缀。鸡尾酒的装饰并无固定模式可循，完全取决于创作者的审美眼光，特别是用于点缀的装饰，创作者完全可以根据自己的喜好、结合创作要求任意发挥。

图 3-67　假面

图 3-68　若如初见

三、调酒操作

（一）鸡尾酒调制的步骤、程序

①先按配方的要求将所需的基酒、辅料等找出，整齐地放于操作台调酒制作的专用位置。

②准备好调酒器具、载杯及装饰物等。

③采用正确、规范的调酒方法（摇和法、调和法、兑和法、搅和法）调制鸡尾酒。

④按照配方要求，给鸡尾酒进行装饰。传统鸡尾酒的装饰物基本都是固定在配方中的，不需要调酒时再做任何变化，调酒人员必须严格按照要求选择装饰物并进行制作、装饰。

⑤清理工作台（吧台），清洗调酒器具，将酒品和调酒器具放回原处。

（二）鸡尾酒调制的基本技巧

①任何一款鸡尾酒都必须严格按照配方的要求进行调制，并正确使用量酒器量酒。

②调酒过程中任何环节的操作都要展示良好、健康的精神风貌，动作娴熟潇洒、连贯自然、姿态优美。

③操作中应注意操作的清洁卫生，其中包括用具卫生、操作过程的卫生以及保持操作台面的清洁卫生等。

④鸡尾酒调制应具有表演性和观赏性，这对渲染气氛、给宾客以美好的视觉享受起着积极的作用。

⑤传瓶→示瓶→开瓶→量酒的操作规范、动作流畅。

a. 传瓶

把酒瓶从酒柜或操作台上传至手中的过程。传瓶一般从左手传至右手或直接用右手将酒瓶传递至手掌部位。用左手拿瓶颈部分传至右手上，用右手拿住瓶的中间部位，或直接用右手提及瓶颈部分，迅速向上抛出，并准确地用手掌接住瓶体的中间部分，要求动作迅速、稳准、连贯。

b. 示瓶

将酒瓶的商标展示给宾客。用左手托住瓶底，右手轻握瓶颈，呈45°角把商标面向宾客。也可以右手提起酒瓶，左手托住瓶底，从左往右做一扇形展示。

c. 开瓶

用右手握住瓶身，并向右侧旋动，用左手的拇指和食指从正侧面按逆时针方向迅速将瓶盖打开，软木帽形瓶塞直接拔出，并用左手虎口即拇指和食指夹着瓶盖（塞）。开瓶是在酒吧没有专用酒嘴时使用的方法。

d. 量酒

开瓶后立即用左手的中指、食指、无名指夹起量杯，两臂略微抬起呈环抱状，把量杯置于敞口的调酒壶等容器的正前上方约4cm，量杯端拿平稳，略呈一定的斜角，然后右手将酒斟入量杯至标准的分量后收瓶口，随即将量杯中的酒旋入摇酒壶等容器中，左手拇指按顺时针方向旋上瓶盖或塞上瓶塞，然后放下量杯和酒瓶。

四、调酒比赛中常见的错误

（一）操作不熟练

本次比赛选择的抽签酒的操作难度为一般。抽签酒，均为世界鸡尾酒中最为经典和常见的酒品，一般酒吧都会提供，在调酒教材中也是作为训练内容的酒品。酒品的训练难度并不大。但是，由于选手训练不充分，在比赛中表现出的自信心不足，操作熟练程度不够。特别是对不同型号调酒壶的使用，少数选手手法生疏，甚至出现不必要的失误。

（二）对酒品分量的把握不够

按照鸡尾酒调制的基本要求，选手在训练和操作之前，应该根据各款酒的总容量，计算出每种材料的实际使用量，并根据计算结果进行配伍并调制。但是，部分选手在对酒品的分量把握上明显显得不熟练或不够准确。一方面是对酒谱标注形式没有正确认识；另外一方面是在酒水计量过程中出现偏差，导致成品酒的颜色、口味等关键因素出现失误。

（三）对传统鸡尾酒配方标注方式不熟悉

鸡尾酒配方的标注有多种方式，常见的是将每种酒的用量用"ml""oz"等计量单位直接标注。但是，标注各类酒品的比例也是国际通行的一种标注方式，其原因主要是同一款鸡尾酒在不同国家、不同地区，甚至在不同酒店可能其总容量都会不一样，而采用比例标注是方便各酒店自行确定每款酒的容量。短饮类鸡尾酒调制后的容量一般控制在90ml左右（载杯120ml左右），这主要是指基酒加辅料的容量，如果需要最后添加碳酸类饮料，也是在这个基础上再添加。

另外还有一种方法就是根据载杯容量确定每种酒的分量。以白兰地亚历山大

（Brandy Alexander）为例，调制材料为：白兰地 1/3，深色可可酒 1/3，淡奶 1/3。如果使用的载杯容量为 90ml，成品酒应该为 60ml，那么三种原材料各为 20ml；如果载杯为 120ml，成品酒为 90ml，那么三种原材料各为 30ml。也就是说，将成品酒总容量乘以各自的比例，就可以计算出每种原材料的使用量，以此类推。

项目四

评 析

任务 1　赛前答疑

西餐宴会服务赛项执委会根据教育部关于做好 2017 年全国职业院校技能大赛筹办工作的有关要求，邀请赛项专家组向参加西餐宴会服务赛项省级选拔赛或全国决赛的参赛队指导教师，解读 2017 年西餐宴会服务规程并现场答疑，以进一步提升各地省级选拔赛和全国决赛的办赛质量并引导各参赛队准确把握今年赛项相关事宜。

4 月 23 日，2017 年全国职业院校技能大赛高职组"西餐宴会服务"赛项说明会在广西沃顿国际大酒店纽约厅召开。来自各省（自治区、直辖市、计划单列市）的 47 个院校 70 余名代表参加了此次说明会。本赛项承办校南宁职业技术学院邀请赛项设计专家组专家对赛项规程、竞赛内容等进行现场解说和答疑。

由于部分参赛队未能参加赛项说明会，承办校还开通了专门的赛项咨询通道，负责解答各参赛队的疑问。从各参赛队提出的问题来看，主要还是围绕赛项的四大竞赛内容展开的，现将主要问题及答疑归总如下。

一、关于西餐宴会摆台部分的答疑内容

①西餐宴会摆台评分细则中提到的刀叉勺距离桌边距离均等，这个均等是指左右两边相距均等还是所有的都均等？鱼刀的摆放跟以前不一样吗？

答疑：要求所有餐具距桌边距离均等，距离桌边，跟左右没有关系。鱼刀、鱼叉的尾部按照常规还是应该向上移动 4~5 厘米。

说明：西餐宴会服务赛项在西餐宴会摆台部分，改变了以往比赛的规则，没有明确餐具间的距离等数量化的内容，这并不表明餐具摆放就没有了标准，而是将这种标准交给指导教师和选手根据台面的整体和谐度自由确定。这一方面是为了和行业接轨，另一方面留给指导教师和选手进行台面设计时有更大的空间和自由度，但是这种自由度还是需要根据台面整体效果进行设计和控制，尤其是要强调餐具离桌边距离的均等程度。

②摆放餐具是否一定要求在椅背的后面？因为我们两侧的餐具很可能是站在两侧边完成。

答疑：没有要求摆餐具一定要在椅子的后边完成。摆餐具一定是在椅子的左边或

者右边。

说明：西餐宴会摆台中对于餐具的摆放位置，一直以来都是以方便操作作为第一原则，也就是说，通常是在椅子的一侧或两侧进行。具体来说就是可以在椅子的右侧先放餐刀，在椅子的左侧摆放餐叉；当然，也可以在椅子右侧将刀叉全部摆完。

③是否强行要求院校加椅套？

答疑：赛项规程中从来没有规定参赛选手必须使用椅套，如果台面设计一定要用自己设计的椅套，必须在规定的15分钟操作时间内完成。

说明：关于摆台中是否使用椅套，是这几年大赛中参赛队普遍关注的问题。椅套的作用主要是烘托台面主题，美化台面和与台面相呼应。如果台面设计与现场配备的乳白色椅套相搭配，则可以不使用椅套；如果整体台面色彩反差较大，就需要选用相应颜色的椅套与台面相呼应。

这几年椅套一直没有列入比赛打分项，因此，是否选用椅套还是由各参赛队自行决定。但是，套椅套作为摆台操作的一部分，必须在规定操作时间内完成，这已经成为一直以来约定俗成的规定。如果在套椅套过程中出现椅套落地，或者操作超时使得整个操作未完成等都会被作为操作违例而扣分，这是各参赛队要特别重视的，因为比赛中上述现象都出现过，也确实被扣过分。

④评分细则里有"各杯肚之间间距均等"，我们选择有菱形的那个杯子、那个款式只能是口的距离可以均等，杯肚的距离是没法均等的，怎么理解？

答疑：关于杯间距，一般带广口的看杯口之间的距离是否均等，带杯肚的看杯肚之间的距离是否均等。

⑤评分细则上写了主题装饰品不能直接放成品，需要现场的一个组合。那么有些组合只需要一个步骤就拼接完成了，大赛对半成品有什么限制吗？

答疑：大赛要求选手现场完成主题装饰物的组合，对于组合步骤和次数没有要求，这一规定主要是限制中心装饰物提前一次性做好。

说明：关于西餐宴会摆台中中心装饰物的问题，很多指导教师都有一个误区，那就是提前做好，让选手直接端上去就可以了。这样的理解是错误的，因为中心装饰物的设计制作是考核选手创新技能的一项重要内容，如果事先设计制作好就失去了比赛的意义。

中心装饰物是台面主题展现的重要内容，它由诸多主题元素构成，精心设计、巧妙布局是展现选手创新性、艺术性、技巧性的关键环节。因此，赛项规程中要求选手现场进行各元素的组合，而不是提前做好直接端上台面。

二、关于西餐宴会服务部分的答疑内容

西餐宴会服务是2017年西餐宴会服务赛项新增加的比赛内容。根据赛项规程,要求选手根据现场提供的菜单,为3个餐位的客人斟倒冰水、调整餐具,提供侍酒服务。包括撤掉多余的餐具、开红葡萄酒瓶,并进行红白葡萄酒斟酒服务等。目的是考察选手对西餐服务知识和技能的掌握程度,以及服务的规范性。

该项目的设立是建立在前两年"宴会菜单制作"基础之上的,保持了西餐宴会服务赛项的延续性。前两年的比赛,要求选手根据宴会主题从备选西餐菜单中选择合适的菜肴,制作一份西餐主题宴会菜单,要求菜单菜肴选择符合宴会特点和要求,并与台面餐具相匹配;同时,进行合理的酒水搭配。两年的比赛,使各参赛队和指导教师对宴会菜单有了全面的认识,在此基础上,2017年要求选手根据现场提供的菜单为客人提供调整餐具、斟酒水等服务。

由于是新增比赛内容,很多指导教师对该部分比赛存在诸多疑问。主要问题如下:

①西餐服务的时候,选手撤换餐具,叉子有移动的话,面包盘是不是相应要移动?服务的过程中,要不要开口布?

答疑:面包盘、口布不动。没有客人坐在餐桌上,因此,不要操作口布。

说明:西餐服务比赛中,要求选手根据现场提供的菜单,首先为客人撤掉不需要的餐具,并做相应的调整。由于受到比赛现场多种因素的限制,因此,本次比赛中选手撤掉餐具后只需要将剩余餐具的位置做适当调整,其他服务用品不做变动。现实服务中,肯定需要为客人提供开口布服务的。

②现场提供给选手服务的菜单是中文的还是英文的?菜单是具体的菜名让选手自己分辨这是属于哪一大类的菜,还是说菜单只是给了一个大类别?西餐服务是3位客人的菜单不一样的吗?

答疑:现场提供的菜单是中英文的,3位客人的菜单肯定不一样。

说明:该问题在说明会和书面答疑中比较集中,这说明两个问题:一是指导教师对西餐宴会菜单的构成不了解;一是对比赛规程理解不透。前面已经提到过,本次比赛是在前两年宴会菜单制作基础上延伸的一项比赛内容,也就是在标准宴会菜单基础上做一些变化,由选手现场识别,提供服务。标准宴会菜单一定是提供菜肴名称、酒水名称,而不是提供菜肴类别的。

③选手撤餐具是左边、右边都可以吗?其他的餐具有的酒店有不同的规定,我们比赛有没有具体的规定?

答疑:选手在撤餐具时可以左右边同时进行,比赛规程中没有规定。

说明： 西餐服务中摆餐具和撤餐具是有区别的，摆放餐具时因没有客人，所以可以在一边操作，也可以两边操作。撤餐具时则不一样，虽然比赛时座位上没有真人，但选手则应该视作有客人在，所以只能在右侧撤掉右边的餐具，左侧撤掉左边的餐具，不能在一边撤掉所有餐具，这样就会有影响客人之嫌。

④在菜单里面的红白葡萄酒是直接给酒名还是要我们的选手根据菜肴来判断该配什么酒水？

答疑： 原则上是给酒名，专家组会建议裁判在菜的后面配酒。菜单会很清晰地显示酒。

说明： 西餐服务中非常注重菜肴与酒水的搭配，也就是通常说的"红酒配红肉，白酒配白肉"。宴会菜单的菜肴配备一般会和餐桌上的餐具相匹配，由此可见，比赛中使用的菜单一般会包括开胃菜、汤、鱼、肉和甜品等几类菜肴，据此可以判断，如果要搭配酒水，一般只会在鱼类菜肴后面搭配白葡萄酒，肉类菜肴后面搭配红葡萄酒，这是一个基本判断和搭配技巧。根据菜单设计的方式，酒水一般会直接跟在相应菜肴的后面，这样就不难判断出葡萄酒的类型了。如果单从服务的角度来看，即使不将葡萄酒跟在相应菜肴后面，选手也应该从客人的菜单中知道每个餐位需要提供什么葡萄酒的。

⑤如果主人位没有点红葡萄酒，那么要示酒的话给哪位客人？如果我们抽到2、4、6号餐位，没有主人位，那么我们是按照小号码到大号码服务过去吗？

答疑： 如果主人位没有点红葡萄酒，那就给第一位点红葡萄酒的客人示酒；如果服务号没有抽到主人位，则按顺时针方向操作。

说明： 关于葡萄酒服务是本次赛前答疑比较集中的一个问题，不但赛中该项内容的分值较高，而且，的确这是西餐服务中的一个重要环节。但从比赛角度来看，其实这个问题比较简单，因为评分细则中已经明确规定"由主人鉴酒"，那么，上述问题基本就不会存在，也就是说，任何一份菜单中主人位必然会出现红葡萄酒。所以，指导教师在训练选手的时候要认真研究比赛规程和评分细则，对每一个评分项有正确的理解。

⑥开启红葡萄酒有两种方式，有的是在工作台上，有的是在客人旁边，我们大赛有没有固定的要求？

答疑： 没有固定的要求，建议在工作台操作。

说明： 红葡萄酒开瓶是重要的服务技巧之一，开瓶的位置在实际服务中很有讲究。一般西餐厅里提供红葡萄酒服务时，酒瓶是放在酒篮中的，客人验酒后会在餐桌一角当着客人的面将酒瓶打开，再进行品鉴服务和斟酒服务。但是，比赛中没有客人在现场，重要的是考察选手开酒瓶的技巧。因此，没有硬性规定要求选手在餐桌边开酒，而是建议选手在操作台上进行，这也符合选手的操作特点。

⑦酒水斟倒，白葡萄酒要包瓶，但是没有说红酒包不包，红酒可不可以也包瓶？

答疑：可以，两种酒都包瓶，不会扣分。

说明：白葡萄酒之所以要包瓶是因为现实服务中白葡萄酒必须要放在酒桶中冰镇，酒瓶拿出来时酒瓶外部会有水凝结，所以服务时必须用服务巾包瓶，一方面是避免瓶身的冷凝水滴到客人身上或桌面上；另一方面避免服务员的手温影响葡萄酒的温度，从而影响到酒品的品质。红葡萄酒是用酒篮提供服务的，不存在有滴水现象，所以不需要包瓶。但是，很多学校教师在训练服务员斟葡萄酒时都有包瓶这一项内容，其主要目的是防止滴酒。

⑧当根据菜单给客人斟倒酒水时，比如，1号位是红葡萄酒，3号位是红葡萄酒，2号位是白葡萄酒，斟倒时，是先斟完红葡萄酒，再回头斟白葡萄酒？还是先红再白再红？

答疑：严格按照西餐服务要求进行斟酒服务。

说明：关于西餐宴会服务中的斟酒服务，是西餐服务重要内容之一。在西餐服务中无论是食品还是酒水，都应遵循"先女后男，先宾后主"的原则进行，而且酒水服务也是按照先冰水、再白葡萄酒、最后红葡萄酒的顺序进行，因此，比赛中斟酒的顺序也基本照此进行，即先为指定客人斟倒冰水，然后是白葡萄酒，最后为点红葡萄酒的客人提供红葡萄酒服务。

⑨斟倒酒水的问题，要求斟3~5成，我为了好看，在3~5成的范围内，把白葡萄酒跟红葡萄酒倒成一个平行线上，这也是可以的吗？我只要跟其他的三位保持平均，就可以了吧？

答疑：可以。

说明：关于斟酒量的问题，一直以来各类比赛中都规定了红白葡萄酒的斟酒量，例如红葡萄酒1/2杯，白葡萄酒2/3杯等。但现实工作中，都不可能斟倒这么多，尤其是红葡萄酒的斟酒量，也是越来越少。另外，不同形状的杯具对斟酒量的判断也比较难掌握。因此，本项比赛没有明确规定具体的斟酒量，只是给出一个斟酒量的范围，即酒杯容量的3~5成，这样选手可以根据选择的杯具自行掌握斟酒量。但是，评判时还有个基本要求，那就是同类酒品的酒量要相等。上述问题中的疑问只要能符合这两个标准就是可以的。

三、关于鸡尾酒调制部分的答疑内容

①关于鸡尾酒调制，抽签酒"椰林飘香"中有菠萝条做装饰，对菠萝条的长宽等参数有规定吗？

答疑：根据鸡尾酒调制要求由选手自己定。

说明：抽签鸡尾酒基本选择的是传统的、著名的鸡尾酒品。按照鸡尾酒调制的基本原则，鸡尾酒的装饰物必须按照配方中的要求制作，不可以随便改变。问题中提到的"椰林飘香"的装饰物是菠萝条，按照该酒调制要求，菠萝条过大、过小都不合适，一般来说，酒吧制作的菠萝条通常为1cm宽、4~5cm长、0.5cm厚，这样规格的菠萝条插在杯口上比较协调。当然，也允许选手在此基础上利用其他辅助装饰物品适当作一些改变，以增加酒品的视觉效果。

②量杯或者调酒壶中有多余的酒，会不会扣分？

答疑：会扣分。

说明：无论是抽签酒还是自创鸡尾酒，各种酒的用量都有明确的规定，按照配方和相应的杯具进行调制时，量杯和调酒壶中是不会有多余酒水的，如果有，则说明选手斟倒调酒材料的量没有控制好。因此，比赛时发现这一现象会被扣分也是正常的。

③酒水调制完毕后，规程说到恢复原位的意思是，只放回备餐台呢还是整齐地摆放在操作台？

答疑：从哪里拿放回哪里去。

说明：鸡尾酒调制比赛中都有"酒水和调制用具复位"这一评判标准，对于这一标准的理解始终存在误区。鸡尾酒的调制有2分钟准备时间，其间选手将调制酒品需要的原材料和工具从工作台上拿到操作台上，为调制做准备，那么鸡尾酒调制完成后酒水原材料、调制工具的复位肯定也是将它们从操作台拿到工作台上，这一操作程序和酒吧实际操作程序是一致的。因此，指导教师在指导选手训练时应该养成好的操作习惯，酒品调制完成就应该将原材料和工具放回到工作台上。

④搅拌棒和吸管入杯的时候能不能徒手操作？需不需要用夹子？要不要戴一次性手套？

答疑：调酒师的手和厨师的手一样是要求非常干净的，可以徒手操作。但是，你在拿这些东西的时候，你该拿哪个部位，这是最关键的。

说明：这是困扰很多指导教师的老问题，几乎每年都会被问到。其实鸡尾酒调制完成后，在制作装饰物、摆放吸管等操作中只需要选手徒手操作即可，不需要用夹子、戴一次性手套等。这么做的主要原因是酒吧调酒师在操作前都必须洗手，保持手的干净，这和厨师一样，每次操作结束也需要净手。当然，这里要特别强调的是，拿吸管和装饰物时，手触及的部位很重要，有些选手直接拿着吸管入口部分，这是要被扣分的，这和手碰杯口是一个道理。

⑤关于纽约这款鸡尾酒，要求说最后再将几滴橙皮油拧入酒中，我想问一下的是

橙皮已经是切好的？还是每个选手可以拿到一个完整的橙子，拧完之后（橙皮）要放到酒里面，还是把它要单独拿出来？

答疑：橙皮选手自己切。拧完之后随你处理，一般会直接放到酒里面。

说明：关于橙皮的制作和使用也是一个共性问题。橙皮的制作方法是：从橙子外部切下一块橙皮，将它修成4~5cm长、0.5cm宽，用刀尖剔除内侧的白囊，然后用双手的拇指和中指抓住两侧，食指抵住橙皮内侧，将橙皮外侧对准酒面扭拧几下，将橙皮中的橙皮油拧进酒中，然后将橙皮放入酒中。

⑥我们在调制原创鸡尾酒的时候，每种鸡尾酒只有一种基酒，我们这次选择了开胃酒做基酒，但是我们都知道只以开胃酒做基酒，这鸡尾酒的度数可能会有点低，如果我们适当地从六款酒里挑一款加到鸡尾酒里边会不会被扣分？

答疑：自创鸡尾酒要求是可以用作开胃酒的，没有人说过使用开胃酒做基酒。

说明：本次比赛中对自创鸡尾酒做了一个限制，那就是"调制一款可以用作开胃酒的鸡尾酒"。这就像命题作文，给出了一个范围，让选手围绕命题进行创作设计。

问题在于很多指导教师和选手都犯了一个基本错误，那就是认为应该以开胃酒为酒基来调制自创鸡尾酒。大家都忽略了一个问题，那就是鸡尾酒的酒基通常都是以烈性酒为主，开胃酒只能作为调酒辅料使用，是不能用作酒基的，所以自创鸡尾酒也还是需要以烈酒为酒基来调制，而调制出来的鸡尾酒要能够起到生津开胃作用。

能够作为开胃酒的鸡尾酒至少应该具备两个条件：一是量不宜太大；二是酒的口味要酸甜苦诸味协调，不宜太苦、太甜或者太酸。

四、关于英语主题介绍及知识问答的答疑内容

问题：英语主题介绍，主题介绍原来是英语介绍完后，再根据主题台面来进行英语的问答，现在是把英语问答其实换成了西餐服务的问答，是这样吗？

答疑：不对，是在原来根据主题台面提问之后，再加一个关于西餐服务的英语问答。

说明：关于西餐宴会服务赛项中的英语比赛部分，主要包括三个内容：①主题台面英语介绍；②根据主题台面介绍，回答一个与主题相关联的问题；③回答一个西餐服务基本知识题。

这项比赛内容是在去年比赛基础上新增加了一个知识问答题。知识问答共40道题，赛前均已在网上公布，涉及的基本都是西餐服务的基础知识，选手可以提前准备。该题目与主题介绍没有任何关系，设置的目的是让选手掌握更多的西餐服务知识。

任务2 竞赛评判

一、评判的原则

裁判员评判是技能大赛的重要组成部分，对技能大赛的赛手具有较强的导向作用。应围绕全国职业院校技能大赛执委会规定的评分标准表进行评判，保证评判的公平性、公正性、公开性。应通过合理的评判，不断提高指导教师的教学水平，激发赛手学习、应用服务技能的兴趣，帮助学生逐步提高酒店职业素养。

（一）强调评判对教学的激励、诊断和促进作用，弱化评判的选拔与甄别功能

在技能大赛评判过程中，应通过灵活多样的评判方式激励和引导赛手学习，促进赛手酒店职业素养的全面发展。裁判员应注意观察赛手实际的技术操作过程及活动过程，分析学生的西餐摆台作品，全面考察赛手西餐摆台操作的熟练程度和创新程度。裁判在向赛手呈现评判结果时应多采用鼓励性的语言，一方面有利于激发赛手的内在学习动机；另一方面也可以帮助赛手明确自己的不足和努力方向，促进赛手进一步的发展。呈现评判结果时要尽量避免给赛手贴标签或排名次，弱化评判对赛手的选拔与甄别功能，减轻评判对赛手造成的压力。指导教师在了解赛手的学习和发展状况的同时，也要利用评判结果反思和改善自己的教学过程，发挥评判与教学的相互促进作用。

（二）发挥裁判员在评判中的主导作用，创造条件实现评判主体的多元化

裁判员应注意发挥在评判中的主导作用，同时充分利用赛手的评价能力，适时引导赛手通过自我反思和自我评价了解自己的优势和不足，以评判促进学习；组织赛手开展互评，在互评中相互学习、相互促进，共同提高。

（三）评判要关注赛手的个别差异，鼓励赛手的创新实践

赛手学习和应用技能水平、学习风格和发展需求等方面的差异很大，技能大赛的评判要正视这种个别差异。同时，现在的赛手个性特征分化更为明显，进行西餐摆台创新的欲望也更为强烈，评价时要充分尊重赛手的个性和创新性。

技能大赛的评判标准和评判方式的确定和选用，要在保证达到最低要求的基础上，

允许赛手通过不同的方式展示自己。一方面，不同起点赛手在已有基础上取得的进步都应该得到认可，使每一个赛手都能获得成功的体验；另一方面，要尊重赛手在学习和应用服务技能过程中表现出的个性和创新性，对同一主题作品的不同设计思路和不同设计风格、对同一问题的不同技术解决方案等，都应给予恰当的认可与鼓励。

二、评判标准解析

（一）西餐宴会摆台

西餐宴会摆台包括西餐宴会摆台、餐巾折花、台面主题设计与布置。主要考察选手操作的熟练性、规范性，台面布置的美观性、实用性，以及对西餐文化的理解等专业知识的掌握。

1. 工作台准备

评判内容：

表 4-1　工作台准备评判内容

工作台准备 （2分）	餐器具、玻璃器皿等清洁、卫生
	工作台整洁，物品摆放整齐、规范、安全

评判解析：

西餐宴会摆台操作是从工作台的准备开始的，因此，比赛选手在2分钟的准备时间里要认真检查工作台上所有餐器具的卫生以及物品摆放情况。评判的重点包括：

（1）餐器具卫生

因为餐具、杯具等主要物品是比赛现场提供，因此，检查餐具、杯具的卫生很重要，选手需要将不干净的餐器具擦拭干净。在操作过程中，选手拿餐器具的方法也是重要一环，这反映了选手的操作卫生习惯。比赛中，部分选手以为准备工作不是比赛的一部分，因此，手抓杯口、拿餐具部位随意等不良习惯时常出现，这些都会被裁判扣分。

（2）工作台整洁

工作台上物品摆放整齐、规范也是良好操作习惯的表现，选手可以根据自己的操作习惯，合理摆放各类餐器具，而不能随意、散乱摆放。另外一个评判重点是餐器具的包装箱、盒等非比赛物品，需要摆放到工作台下方，而不是在工作台旁边随意堆放，这也是该项目重要的扣分项。

2. 铺台布

评判内容：

表4-2 铺台布评判内容

铺台布 （2分）	台布中凸线向上，两块台布中凸线对齐
	两块台布在中央重叠，重叠部分均等、整齐
	主人位方向台布交叠在副主人位方向台布上
	台布四边下垂均等
	台布铺设方法正确，最多四次整理成形

评判解析：

西餐用餐强调优雅，亦要求服务人员采用优雅的服务方式。铺台布是台面布置的第一步，西餐铺台布和中餐不一样，不能采用抛、撒等动作幅度过大的姿势，而应该采用推、拉、退等方式，这样，操作动作不但优雅，而且操作时对用餐客人的影响不大，因为西餐厅服务中经常需要在客人用餐时收拾台面、布置台面。图4-1所示的台布铺设方法是西餐服务中不宜选用的，因为台布铺设前应该折叠整齐，铺设时不应将台布团在一起，这样容易造成台面皱皱巴巴，更不应将台布高高抛起来。

图4-1 铺台布错误图例

此项定性方面重点观测选手铺台布的动作是否符合西式铺台布的要求，如果不符合，会酌情扣分；定量方面主要观测两块台布重叠部分是否均等（如果选择200cm×162.5cm的标准西餐台布，中间重叠部分应该是5cm），四边下垂是否均等和四次整理成形，如果有违反，均按相应的分值扣除。

对于铺台布四次成形的规定，存在很多疑虑。所谓四次，是指铺两块台布为两次，左右侧5cm重叠部分整理各一次，其他的整理均列入扣分项；铺台布时，以台布脱手为限，即台布一旦脱手，就为一次，再次触碰台布时，不管是调整、整理还是抚平，均计算次数。当然，如果没有两侧整理，手触碰台布四次以内，仍然不会扣分。

3. 餐椅定位

评判内容：

表 4-3 餐椅定位评判内容

餐椅定位 （2分）	从主人位开始按顺时针方向进行，从席椅正后方进行操作
	席椅之间距离均等，相对席椅的椅背中心对准
	席椅边沿与下垂台布距离均等

评判解析：

拉椅定位或为客人提供拉椅服务时，操作方法非常重要，这不但反映了操作者的专业水平，而且在实际工作中也会影响到客人对服务的评价。正确的拉椅方法应该是双手轻扶椅背两侧，将座椅拉出（见图4-2），双手不宜握住椅子顶部，也不宜抓住椅子上部两侧，这样拉椅的力度不够，也不稳，容易造成将椅子拉歪等现象，如图4-3所示。

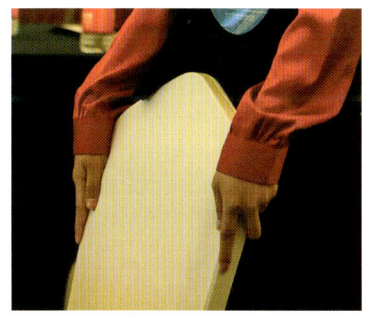

图 4-2 正确的拉椅方法

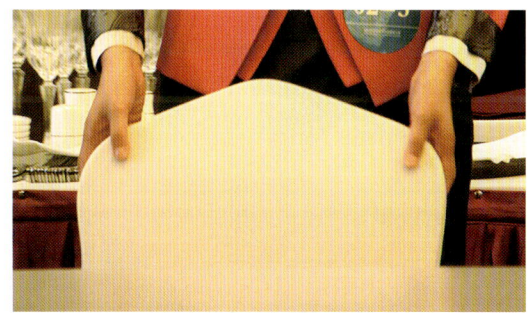

图 4-3 错误的拉椅方法

此项操作从定性方面重点监测选手是否从席椅的正后方进行操作。

从定量方面重点监测席椅之间的距离基本相等。比赛评判时，主要测量餐桌长边两侧的两张椅子的距离是否均等。相对席椅的椅背中心对准，评判时会检测长边两侧的两个席位、正副主人位的椅背中心是否与展示盘中心在一条线上。

席椅边沿与下垂台布之间要求距离均等。以前要求席椅边沿与下垂台布之间的距离为1cm，有一个定量的要求，但是，今年没有了，并不是就没有相应的标准，选手可以继续沿袭传统的相距1cm的标准操作，也可以不留空隙，将席椅边沿贴着下垂台布。但是，无论采用什么样的距离标准，均要求6把椅子边沿与下垂台布的距离一致，出现任何偏差，均属于扣分范围。

4. 装饰盘

评判内容：

表4-4 装饰盘评判内容

装饰盘（3分）	手持盘沿右侧操作，从主人位开始摆设
	盘边离桌边距离均等，与餐具尾部成一线
	装饰盘中心与餐椅中心对准
	盘与盘之间距离均等

评判解析：

拿摆餐具的方法是西餐宴会服务摆台中非常重要的考核点，餐具拿法正确，既是专业服务的需要，也是操作规范的基本要求。因为正确的餐具拿法既关系到操作卫生，也关系到操作效率等。一般来说，刀叉类餐具应该拿餐具的颈部，且用拇指和食指捏拿餐具的两侧，以免在餐具上留下指纹印。杯具更应该拿杯脚或底部，任何时候手都不能碰到杯具的口部，这是服务的禁忌。图4-4所示各种餐具、杯具拿法均是错误的。

图4-4 拿摆餐具错误图例

在摆台操作过程中，对于装饰盘（展示盘）的拿法也很讲究。在摆放装饰盘时，可以徒手操作，但是，必须在装饰盘下垫一块口布，而不能直接将装饰盘放在手上，更不能将装饰盘靠在身体上操作（见图4-5）。也可以将装饰盘放在托盘内，再进行摆放。

另外，西餐装饰盘及其他盘类餐具的拿法也很讲究，通常采用侧握方式拿餐具，大拇指不能伸进盘内，以免手指纹印到餐具上，这既是规范要求，也是卫生要求，任何拇指伸进装饰盘或其他餐盘的做法都是错误的（见图4-5）。

图4-5　餐具摆放错误图例

装饰盘摆放从定性方面重点监测从主人位开始，顺时针方向摆放，手持盘沿，在餐椅（客人）右侧操作；定量方面重点监测盘边与桌边距离以及盘与盘之间的距离是否均等，当所有餐具均摆完后，装饰盘边沿将与所有餐具尾部成一直线。另外，装饰盘中心与餐椅中心是否对准、两两相对的餐位能否做到四点一线，也是重要的评判内容，凡不符合要求均按相应分值扣分。

5.餐具摆放

评判内容：

表4-5　餐具摆放评判内容

刀、叉、勺 （8分）	刀叉勺由内向外摆放，距桌边距离均等（每个0.1分）
	刀叉勺之间及与其他餐具间距离均等、整体协调、整齐（每个0.1分）
面包盘、黄油刀、黄油碟 （3分）	面包盘盘边距开胃品叉1cm（每个0.1分）
	面包盘中心与装饰盘中心对齐
	黄油刀置于面包盘内右侧1/3处
	黄油碟摆放在黄油刀尖正上方，间距均等

评判解析：

刀叉勺摆放评判重点有两个方面：

（1）刀叉勺的间距是否均等

刀叉勺的间距在赛项规程中没有明确规定，以往的比赛中，均规定餐具之间最相近部分的间距为 0.5cm，这样规定的目的是使得所有餐具摆完后，整个餐位显得协调、美观、紧凑。但是，其弊端是很难测量。因此，指导教师在指导选手训练时，可以参照该标准进行训练。但是，不管间距是多大，必须把握两个原则：一是间距不宜过大，使餐具之间显得过于松散；二是餐具间距要相等。

（2）餐具距桌边距离均等

这是该项目在评判中的重点。长边两个餐位 10 把餐具（不含鱼刀鱼叉）应该与 2 个装饰盘边沿成一条直线，短边 5 把餐具和装饰盘边沿成一条直线。这样，整个餐台上餐具就出现了横竖 4 条直线，这 4 条直线是评判餐具离桌边距离的关键，任何不在直线上的餐具均被列入扣分的范畴。因此，选手在摆完餐具后，应该会自行检查一遍，在规定时间内可以做微调，以保证餐具摆放的准确性。

面包盘、黄油刀、黄油碟评判：

定性方面重点监测其摆放的程序，定量方面监测面包盘盘边距开胃品叉 1cm，黄油刀置于面包盘内右侧 1/3 处，黄油碟摆放在黄油刀尖正上方，间距均等，不符合要求，均按相应分值扣分。

6. 杯具

评判内容：

表 4-6　杯具摆放评判内容

杯具摆放（3分）	摆放顺序：白葡萄酒杯、红葡萄酒杯、水杯（白葡萄酒杯摆在开胃品刀的正上方，杯底距开胃品刀尖 2cm）
	三杯向右与水平线呈 45°角
	各杯肚间距均等

评判解析：

杯具的摆放从定性方面主要考察其摆放顺序以及操作时持杯的方法是否正确，白葡萄酒杯是否摆在开胃品刀的正上方，杯底中心在开胃品刀的中心线上。从定量方面监测，杯底距开胃品刀尖 2cm，三杯成斜直线，向右与水平线呈 45°角，各杯身之间相距约 1cm。

关于三杯呈 45°角的评判，通常是看长边两两相对餐位的两套杯具是否平行，如果不平行，那么，45°角就存在问题。另外，一个餐位摆放合理、匀称、美观的台面，平行的两套杯具之间的平行间距为 10cm 左右。

关于杯身之间的距离问题，通常评判时会根据杯子的形状调整。一般大肚杯是以杯肚之间的距离作为评判点，广口郁金香形杯则以两杯最接近的点作为评判点。

7. 中心装饰物及公用餐具

评判内容：

表 4-7　中心装饰物及公用餐具评判内容

中心装饰物 （1 分）	中心装饰物中心置于餐桌中央和台布中线上
	中心装饰物主体高度不超过 30cm
烛台 （1 分）	烛台与中心装饰物间距均等
	烛台底座中心压台布中凸线
	两个烛台方向一致
牙签盅、椒盐瓶 （2 分）	牙签盅与烛台底边间距均等
	牙签盅中心压在台布中凸线上
	椒盐瓶与牙签盅距离均等
	左椒右盐，椒盐瓶与台布中凸线间距均等

评判解析：

（1）中心装饰物

此处中心装饰物的评判主要还是从操作规范的角度进行评判的。

中心装饰物中心位于餐桌中央和台布中线上，这是标准中明确规定的内容，如何判断？有两种方法：一种是装饰物底部能看见的，则检查装饰物底部是否压在台布中心线上；一种是装饰物底部看不见的，则可以通过测量装饰物离桌边的距离来判断是否在餐桌的中心，如两边距离不均等，则表明装饰物摆放有偏差，会按相应分值扣分。此外，装饰物是否压中线还有一个评判点，就是看装饰物中心与两块台布交叉中点线是否重叠，如果较好地重叠，说明装饰物摆放居中；反之，则有偏移现象，也会被扣分。

中心装饰物主体高度不超过 30cm，这是一个量化的标准。中心装饰物设定限高的目的是客人入座后装饰物不能阻挡彼此的视线，影响客人间的交流。但是，一些插花类的装饰，允许有单独的花枝或简单的装饰材料为了造型和美观，可以超过这个高度，只要是不遮挡客人视线，这一点在评判时是不扣分的。

（2）烛台

烛台摆放位置很重要。首先，两个烛台底座必须对正台布中线，不出现偏差；其次，两个烛台与中心装饰物之间的距离要基本均等，不能出现两边距离不均等的现象。单头烛台不存在方向一致问题，如果是三头以上的烛台，则要考虑摆放方向的问题，否则也会被扣分的。

（3）牙签盅、椒盐瓶

牙签盅、椒盐瓶的评判有四项内容。首先是测量牙签盅与烛台之间的距离是否均等。其次牙签盅是否摆放在台布中心线上,即牙签盅底部中心必须与台布中线重叠。第三,检测椒盐瓶与牙签盅之间的距离均等,椒盐瓶与牙签盅的间距一般为 2cm 左右比较合适。第四,左椒右盐,椒盐瓶与台布中凸线间距均等,重点是椒盐瓶与台布中凸线之间的距离,这是判断椒盐瓶摆放是否居中、位置是否正确的关键点。此处被扣分的选手较多。

8. 餐巾盘花

评判内容:

表 4-8 餐巾盘花评判内容

餐巾盘花 (3分)	在平盘上操作,折叠方法正确、卫生
	在餐盘中摆放一致,正面朝向客人;造型美观,大小一致,突出主人位

评判解析:

餐巾盘花主要从两个方面评判:一是餐巾花的折叠方法;一是餐巾花的摆放。

选手折叠餐巾花时,裁判会近距离观察选手的操作,主要查看选手折口布花的方法是否正确,操作是否卫生。餐巾折花应遵循美观、简洁、挺括、卫生等原则。

折好的餐巾花放入展示盘时,也应做到规范、整洁,不能出现餐巾背面朝向客人、餐巾花软塌、方向摆错,甚至餐巾折花超出展示盘等错误现象(见图 4-6)。

图 4-6 餐巾折花错误图例

此项主要从定性方面重点检测。裁判会对摆放在装饰盘中的餐巾进行检查，查看有没有餐巾背面朝向客人、头角折叠松散、软塌、餐巾超出展示盘、方向放反等违例现象；还要检查餐桌长边两个餐巾花是否在一条线上，等等。在花型上，重点检查是否突出主人位的花型。凡是有上述违例现象的均会被扣除相应分数。

9. 操作动作与西餐礼仪

评判内容：

表4-9 操作动作与西餐礼仪评判内容

操作动作与西餐礼仪（5分）	托盘方法正确，操作规范；餐具拿捏方法正确、卫生、安全
	操作动作规范、熟练、轻巧、自然、不做作
	操作过程中举止大方、注重礼貌、保持微笑
	仪容仪态、着装等符合行业规范和要求
	操作神态自然，具有亲和力，体现岗位气质

评判解析：

西餐宴会摆台操作中，对操作动作与西餐礼仪的评判是贯穿在整个15分钟的操作过程中的。评判的内容包括6个方面。

（1）托盘

要求托盘操作方法正确、规范，这是餐饮服务的基本技能。托盘操作动作的规范前面已经有了全面介绍，但是，在操作过程中，依然出现很多错误。例如托盘时手掌贴在托盘底部；装托盘时没有遵循内高外低、内重外轻的原则；甚至出现用手抱盘而不是托盘的现象；托盘行走时始终将右手背在身后，而不是自然摆动，等等（见图4-7）。

图4-7 托盘错误图例

(2) 餐具拿法

餐具拿法主要是操作过程中拿刀叉、杯子、餐盘等的方法。具体拿法前面已经介绍过，不再赘述。在具体餐具使用过程中出现的不正确、不卫生的拿法，在此都会被扣分。

(3) 动作

托盘操作过程中要求选手的动作规范、熟练、轻巧、自然、不做作。操作动作贯穿摆台操作始终，选手在操作中出现的餐器具碰撞、操作声音过大等都会在此被扣分。

(4) 举止

操作过程中举止大方、注重礼貌、保持微笑。操作举止和操作动作是密不可分的重要内容，要求选手在操作过程中不仅要动作规范、自然，同时还要做到举止大方、始终微笑，以体现良好的职业素养。

(5) 仪容仪态

从2017年起，西餐宴会服务赛项取消了仪容仪表单独检查评分的内容，而是将仪容仪态的评判放到了整个操作过程之中。一方面，要求选手的着装、发饰等符合行业规范要求；另一方面，还要检验选手操作过程中自己的装束是否对操作产生影响，例如选手弯腰操作时，衬衫会不会扯出来；新皮鞋、新袜子没有磨合好，会不会出现打滑等现象。这些都是仪容仪态表现出来的不符合行业规范的内容。

(6) 神态

操作神态要求自然，具有亲和力，体现岗位气质。西餐服务需要服务人员具有一定的亲和力，能体现岗位气质，因此，服务中能否始终面带微笑、操作动作能否和表情结合、操作时能否考虑到"客人"的感受等均是评分的内容，一些选手在这些规范中失分较多，究其原因是多年的比赛中，已经形成了一种错误的导向，就是选手的操作姿态、表情过分注重于表演性，而忽略了服务的真实需求，这也是部分选手被扣分以后不知道错在哪里的原因之一。

比赛的目的不是为了作秀，而是要贴近行业、贴近需求，因此，无论是训练选手还是在今后的职业教育教学过程中，都应该以行业标准为导向，不能为了比赛而比赛。

10. 主题设计

评判内容：

表4-10 主题设计评判内容

主题设计 （10分）	台面整体设计新颖、颜色协调、主题鲜明
	中心装饰物设计精巧、实用性强、易推广
	中心装饰物现场组装与摆放

评判解析：

西餐宴会服务赛项中主题设计基本属于定性化的评判内容，基本依据裁判不同的审美认知和专业素养进行评分，但是，其中也有一些标准或规律可以遵循。

首先，"台面整体设计新颖、颜色协调、主题鲜明"，这里涉及到整个台面台布、口布、餐具色彩的搭配与主题的关系，中心装饰物的设计能不能较好地表现主题，主题装饰物是否突出，甚至包括口布花以及其他台面饰物和主题的关系等等内容。

其次，"中心装饰物设计精巧、实用性强、易推广"，该项目包括三个方面的评判标准：一是中心装饰物的设计。中心装饰物的设计是由多个物件组合而成，这些物件的选择、使用、摆放是否得当、能否体现主题、能否表达主题思想等都需要重视，而这些物件组合和摆放的方式、位置等都涉及到设计精巧的问题。二是实用性强。实用性表现在中心装饰物设计不过于复杂，能够在现实工作中充分运用，通俗点讲，就是员工可以一学就会，相关物件容易购买到。另外，装饰物件价格不能过于昂贵，经营成本不能太高等。三是易推广。也就是设计方案可以被企业广泛采用等。

主题设计部分的评判主观性较强，为了统一评分尺度，避免裁判之间的评判差异，比赛时，裁判采用了分档评分的方式，即按照主题设计的总体情况分为 ABC 三档进行评分。

（二）英语台面主题介绍及知识问答

评判内容：

表 4-11　英语台面主题介绍及知识问答评判内容

英语台面主题 （10分）	语法与词汇正确，词汇丰富，语音、语调标准、熟练、流利地掌握岗位英语，语言表达清晰、规范
	语法与词汇基本正确，语音、语调尚可，允许有个别母语口音，较熟悉岗位英语，语言表达基本清晰、规范
	语法与词汇有一定错误，发音有缺陷，但不严重影响正常表达
	语法与词汇有较多错误，停顿较多，严重影响表达。不能适应语境的变化
	现场问题回答正确
西餐基础知识问答（5分）	答案正确，语言表达清晰、规范

评判解析：

2017 年西餐宴会服务赛项中英语部分比赛分两部分：一部分是英语台面主题介绍；一部分是西餐基础知识问答。

对于英语台面主题介绍部分，主要是考核选手对主题的认知与具体展现，这部分内容是选手提前准备好的，因此，选手的语音语调、语言的流畅程度是评判的重点。在准备这部分内容时，指导教师和选手需要特别注意几个问题：一是要围绕主题设计解说词，因为解说时间有限，不能过多展开去描述主题的起源、历史、典故等；二是注重口语表达的特点，也就是说，介绍过程中尽量使用短句子，有利于口语表达，切不可选用过于复杂的语句，让选手有背书的嫌疑；三是遣词造句要简洁、通俗，尽量避免使用较为生涩的语句；四是语音语调要尽可能准确。裁判在评判英语台面主题介绍时主要也是从上述几个方面来判断的，根据上述内容，将选手的介绍分4个等级进行评分，2分一等级。

英语台面主题介绍完成后，裁判现场根据主题介绍，会提问一个与主题介绍相关联的问题，由选手回答。该项目虽然只有2分，但是，却让不少选手失分，究其原因，还是选手的英语基础较差，前面主题介绍部分主要靠背，没有真正理解，因此，听不懂裁判的提问，或者勉强听懂了，却不知道如何回答。

西餐基础知识问答因为选手都提前准备好了，因此问题不大，只要能听明白问题，基本都能回答。极少数选手因为准备不充分，在此处失分，实在可惜。

（三）西餐服务

西餐服务的比赛内容是由选手根据现场提供的菜单，为3个餐位的客人斟倒冰水、撤换餐具，提供侍酒服务。

该项目是在前两年"菜单制作"项目基础上的一个调整，属于新增项目。主要是考查选手对西餐服务技能技巧的掌握程度。

具体操作包括：现场由选手抽取一份西餐宴会菜单，选手根据菜单上确定的餐位、每位客人选择的菜肴、酒水，为规定的餐位调整餐具，将不需要使用的餐具、杯具等用托盘撤下，摆放至工作台上，提供红葡萄酒开瓶、红白葡萄酒斟酒服务等。

1. 撤换餐具

评判内容：

表4-12 撤换餐具评判内容

撤换餐具（6分）	从主人位开始，顺时针为规定餐位调整餐具
	正确撤掉相应餐具、杯具
	将剩余餐具调整整齐，保持餐具均衡、协调
	餐具拿捏方法正确，操作规范

评判解析：

撤换餐具的前提是认真阅读菜单。选手拿到菜单后，需要认真阅读菜单，了解菜单内容。阅读菜单时，需要掌握两个重要信息：一是3位客人的座位号；二是每位客人的菜单内容，重点要关注的是每位客人的菜单中缺少哪一类的菜肴，因为缺少哪一类的菜肴，那么这个餐位的该类菜肴的餐具将要被撤掉。这两个信息非常重要，因为服务操作都是围绕着这两个信息开展的，一旦信息掌握错了，后续操作均会出现错误。

为了让指导教师和参赛选手更好地理解上述内容，下面举一个例子来说明上述问题。以下是一份菜单中的一个餐位的菜单。

2号位
南瓜汤 Pumpkin Soup with Chestnuts and Pear
香煎银鳕鱼 Pan-fried Cod Fish with Pine nuts
威尼托科奇拉莎当妮 Allegrini Corte Glara Chardonnay
西冷牛排配荷兰汁 Sirloin Steak with Hollandaise Sauce
派客酒庄西拉 Pikes Eastside Shiraz
姜汁法式炖蛋 Egg Custard with Ginger Juice
Coffee Or Tea

从上述菜单中可以看出，该菜单是2号位客人的，菜单中缺少了开胃菜，因此，撤餐具时需要将开胃菜刀叉撤掉就可以了。菜单中含有红白葡萄酒，因此，红白葡萄酒杯都不需要撤。明确了这些重要信息，操作时就会从容很多。

该项目裁判评判时重点关注以下内容：

（1）餐位正确

选手有没有根据菜单中确定的餐位提供服务操作？如果出现餐位错误，扣分就会比较严重，该撤的没撤，不该撤的撤了，所以，餐位正确很重要。

（2）撤餐具正确

选手针对菜单中的菜肴，将不需要的餐具撤掉。如上述案例中只要撤掉开胃菜刀叉就可以了，如果撤错就会被扣分。

（3）调整餐具

根据菜单撤掉相应的餐具后，必须进行餐具调整。例如，撤掉鱼刀鱼叉后，必须将汤勺和开胃品刀、叉往主菜刀叉方向移动，使得剩余的餐具之间的距离依然保持均等、美观，而不能出现空当现象。

（4）餐具拿法

与摆放餐具一样，撤餐具过程中，也要注意餐具的拿法要正确，不能随意。这也是操作的基本要求。

2. 开葡萄酒

评判内容：

表4-13 开葡萄酒评判内容

开葡萄酒 （4分）	按正确方法示酒（只需示红葡萄酒）
	用专用开瓶器（海马刀）上的小刀，切除葡萄酒瓶口的封口（胶帽），要求胶帽边缘整齐
	用开瓶器上的螺杆拔起软木塞，软木塞完整无损、无落屑
	操作规范、卫生、优雅、酒瓶不转动

评判解析：

开葡萄酒在西餐服务中是个技术活，需要选手掌握较多的技巧。在开瓶服务中，裁判评判的主要内容包括以下几个方面：

（1）示酒

根据比赛规程，红葡萄酒开瓶前必须给主人示酒，也就是让客人确认所点酒品是否正确。示酒的方法是双手托酒瓶，将酒标展示给客人。示酒过程中，酒瓶的拿法、示酒时酒瓶的位置等都很重要。特别是示酒位置，千万不能出现酒瓶低于餐桌、酒瓶靠餐椅太近等不规范现象（如图4-8）。

图4-8 示酒的错误位置

（2）开瓶

开瓶的方法第一步是用专用开瓶器（海马刀）上的小刀，切除葡萄酒瓶口的封口（胶帽），要求胶帽边缘整齐。切胶帽时，既可以切瓶口突出部分的上部，也可以切下部，没有明确规定。

第二步是用开瓶器上的螺旋头从瓶塞中间刺进去，然后转动开瓶器将螺旋头钻入木塞。钻进 2/3 时采用杠杆原理将木塞轻轻拔起一点，然后，继续钻动螺旋转头，直到全部钻入木塞后再采用杠杆原理，将木塞慢慢拔出。

第三步是褪下螺旋钻上的木塞，要求木塞完整无损，没有落屑。将木塞放入味碟中，一般服务时要将木塞给客人验看。

第四步用干净口布擦拭瓶口，准备斟酒。（见图 4-9）

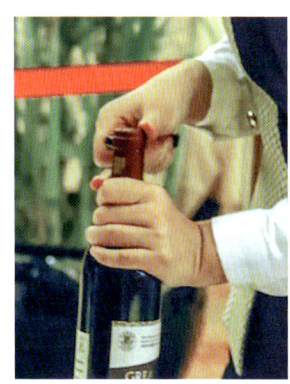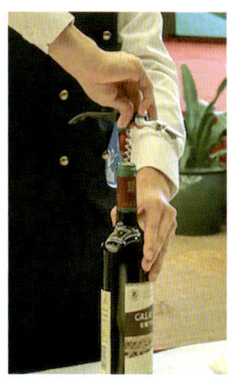

图 4-9　葡萄酒开瓶步骤

（3）注意事项

开葡萄酒瓶时要求操作动作规范、卫生、优雅，并且酒瓶不能转动，即在切胶帽时只能右手握开瓶器呈半圆状内外切割，而不是转动酒瓶来完成切割。

3.斟倒酒水

评判内容：

表 4-14　斟倒酒水评判内容

斟倒酒水 （8分）	为指定的三位客人斟倒冰水
	由主人鉴酒（只需红葡萄酒）
	按座位顺序为指定客人斟葡萄酒
	酒标朝向宾客，在宾客右侧服务
	斟倒酒水量为 3~5 成，各杯酒水量均等
	白葡萄酒需要口布包瓶
	操作规范、卫生、优雅

评判解析：

斟倒酒水是西餐服务中的重要内容，所占分值也较高，从评分表中可以看出，该项操作所包含的内容也较多，具体来说，包括斟倒冰水、鉴酒、斟倒红白葡萄酒等。

（1）斟倒冰水

要求选手按照菜单上规定的席位号，为三位客人斟倒冰水，要求斟倒量均等（3~5成），没有滴酒。

（2）鉴酒

红葡萄酒开瓶后首先需要给主人鉴酒，鉴酒的方法是给主人红酒杯中斟倒30ml左右，示意客人品鉴，然后再给客人斟酒。

（3）斟酒

按照西餐服务规程，斟酒顺序是冰水、白葡萄酒、红葡萄酒。因此，服务中应先为客人斟倒冰水，然后，根据菜单为相应的客人斟倒白葡萄酒，最后斟倒红葡萄酒（鉴酒可以在斟倒红葡萄酒之前进行）。

西餐斟酒采用徒手斟法斟酒，一般是右手拿酒瓶，左手拿一块叠成方形的服务巾（口布），按顺序依次为客人斟倒酒水。斟酒时要求酒标朝向客人，在客人右侧进行；收瓶路线和位置正确，不能从椅子上方掠过。酒水斟倒量为3~5成，要求同类酒品的斟酒量均等。

此项内容主要检测参赛选手西餐宴会服务的基本功，考核选手西餐宴会服务中侍酒技能的专业化和标准化的程度，同时也是对选手的基本技能、心理素质等综合能力的测量。

从定性方面检测选手倒酒及斟酒的顺序和侍酒过程中口布包瓶、酒标朝向客人，在右侧服务等。从定量方面裁判通过目测和尺量对白葡萄酒、红葡萄酒和水的分量进行比对。2017年比赛规程规定，冰水、白葡萄酒、红葡萄酒的酒量均为3~5成，这给选手操作带来了较大变化空间，但是有一个基本要求，那就是同类酒品的酒量必须均等。因此，选手在训练时必须掌握好斟酒量，以保证酒的分量的均等。此外，斟酒动作是否规范、会不会造成滴酒等也是该项目比赛中的重点，如果斟酒过程中动作不规范、时间紧张等造成滴酒现象，都会被扣分。

斟酒中还有一些不规范的做法，虽不一定扣分，但是，由于操作动作不美观等，也不宜提倡（见图4-10）。

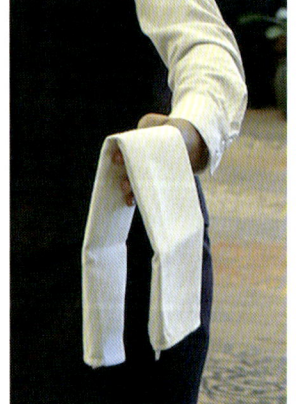
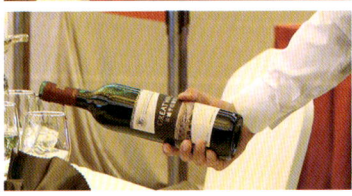

图4-10 斟酒中不规范的动作

4. 操作规范与服务礼仪

评判内容：

表 4-15　操作规范与服务礼仪评判内容

操作规范与服务礼仪 （2分）	操作动作规范、熟练、轻巧，自然、不做作
	操作过程中举止大方、注重礼貌、保持微笑
	服务语言规范、得当，符合行业要求
	操作神态自然，具有亲和力，体现岗位气质

评判解析：

操作规范与服务礼仪作为西餐服务的重要内容，贯穿于服务全过程。操作规范在宴会摆台部分已经阐述过，关于服务礼仪，评判时关注以下几个方面：

（1）操作举止

要求操作过程中举止大方得体，在规范的基础上操作方法正确，不矫揉造作，为服务而服务。

（2）服务语言

虽然餐桌上没有客人，但是，服务过程中基本的服务语言或示意性服务动作应该到位（见图 4-11）。无论是使用中文还是使用外语，要求语言准确，音量合适，切不可使用过高音量的语言、过分夸张的动作为客人服务。

图 4-11　规范的服务手势

（3）服务神态

西餐服务讲究服务谦恭、礼貌，因此，服务中选手要始终保持微笑，语言和动作要具有亲和力，充分体现西餐服务岗位的气质。

5.关于违例

西餐服务赛项中增加了违例扣分项,主要违例内容包括物品掉落、物品碰倒和酒水滴洒三项。

评判内容：

物品掉落每件扣2分；

物品碰倒每件扣1分；

斟酒水时每滴一滴扣1分,每滴洒一摊扣3分。

评判解析：

操作违例是操作服务中扣分的一个重要内容,一般情况下,物品掉落和碰倒的情况在比赛中比较少见,但是,斟酒时滴洒却非常普遍,这也是部分选手在服务中分数不高的主要原因,因为违例扣分是在该项目总分中直接扣除的。因此,选手必须在斟酒水方面加强训练,减少不必要的扣分。

（四）鸡尾酒调制

鸡尾酒调制比赛包括抽签酒调制和可以用作开胃酒的自创鸡尾酒调制,以此考核选手对鸡尾酒调制方法、调制技巧和操作规范的掌握程度。

1.服务礼仪

评判内容：

表4-16　服务礼仪评判内容

服务礼仪 （2分）	操作过程中举止大方、注重礼貌、保持微笑
	仪容仪态、着装等符合行业规范和要求

评判解析：

鸡尾酒调制比赛中服务礼仪的评判主要包括选手的服装、操作动作和举止、礼貌礼节等内容,这部分内容替代了以往的仪容仪表部分的内容,又增加了操作动作方面的内容。裁判在该项目的评判中主要关注以下内容：

（1）着装

鸡尾酒调制时选手的着装应符合酒吧调酒员的职业特点,基本上男选手以马甲配长裤、女选手以马甲配短裙或长裤为主,其他服饰只要便于操作,原则上也不会扣分。但是,在实际比赛中,部分男选手因为马甲短,操作时经常出现衬衫外露的现象,影响选手形象。部分选手在马甲配长裤时,增加了一个腰缝,很好地解决了这个问题。

（2）礼貌

和摆台、服务等项目一样,选手在调酒操作时的礼貌礼节也不能忘记。调酒中的礼貌主要表现在应答裁判的号令、点头致意等方面。

（3）微笑

微笑是一项基本服务要求，选手在应答裁判号令，展示酒品、摇酒操作等过程中应始终保持微笑，体现良好的职业素养。

2. 抽签酒调制

评判内容：

表 4-17　抽签酒调制评判内容

抽签酒调制 （6分）	调酒材料、酒杯选配正确、合理
	酒品颜色协调、口感舒适、味道纯正
	装饰物制作合理、搭配有致
	操作程序正确、动作规范、卫生安全
	调酒器具使用得当，保持干净、整齐
	酒水使用完毕复归原位

评判解析：

抽签酒是从 5 款事先提供的酒品中抽取一款现场调制。这 5 款鸡尾酒均属于传统、经典的鸡尾酒品，在众多酒店的酒吧中都有出售。抽签酒基本采用摇和法调制，摇和法也是传统鸡尾酒调制方法中的一种。

抽签酒考核的重点有两个：一是调制方法的掌握程度；一是对配方的正确理解与运用。

本届大赛鸡尾酒调制中，抽签酒被扣分的主要内容有调酒材料使用量不准确，导致酒品口味、色泽出现偏差；调制动作不规范；装饰物制作不符合要求；操作卫生等方面（见图 4-12）。

图 4-12　调酒操作中不规范的动作

3. 自创鸡尾酒调制

评判内容：

表4-18 自创鸡尾酒调制评判内容

自创鸡尾酒调制 （12分）	主题创意符合要求，主题鲜明、独特
	酒品用料准确、合理，颜色协调、口感纯正
	装饰物制作规范，具有一定的观赏性，符合酒品创意
	操作动作规范、安全，符合卫生要求
	操作完毕，酒水、用具复归原位
	中英文主题创意说明清晰，配方规范

评判解析：

根据比赛规程，要求选手自创一款可以用作开胃酒的鸡尾酒，对于这一命题创作，必须遵循开胃酒的特点（赛前答疑中已经阐述），根据这些特点，进行选材、制作、装饰。

对于自创鸡尾酒的评判带有较强的主观性，因此，该部分的评判也是采用ABC三级评判法进行评判。裁判在评判时主要关注以下内容：一是主题创意是否具有鲜明特色，具有原创性；二是是否符合开胃酒生津开胃的特点；三是酒品口味、色泽、装饰物与主题创意是否相匹配，并很好地展现主题等。

评判内容中的第四、五点属于常规操作规范的评判。

评判内容的最后一项是针对自创酒主题创意说明书进行评判的。赛项规程规定，选手在检录时要递交书面的中英文主题创意说明。自创酒主题创意说明书完整的内容应该包括主题名称、主题内涵及创意说明、标准配方、调制方法、杯具及装饰物等，凡是不符合要求的均会被扣分。

4. 违例扣分

评判内容：

鸡尾酒调制同样也设定了违例扣分项，主要包括物品掉落、物品碰倒、酒水滴洒等内容。其中，物品掉落每件扣1分，物品碰倒每件扣0.5分，酒水滴一滴扣0.5分，滴洒一摊扣2分。

评判解析：

（1）物品掉落与碰倒

鸡尾酒调制比赛是整个比赛项目的重要组成部分，对选手的操作技能要求较高，需要选手认真训练，严肃对待。选手每一个操作动作不仅仅体现其操作规范，更是操作心理的体现，操作过程中任何物品的掉落或碰倒都是操作不规范、不熟练的表现，这不但影响到制作过程中操作规范的评分,还会在违例中再次被扣分。

操作过程物品掉落的主要表现为：冰块掉落、瓶盖掉落、装饰物掉落等；物品碰倒主要出现在碰倒杯子、碰倒量酒器等方面。无论哪种错误的出现，都反映了选手操作的不熟练、训练不到位，或者是临场心理素质有问题。

（2）酒水滴洒

这是鸡尾酒调制比赛中比较多见的现象，也是大多数分数不高的选手普遍存在的问题。酒水滴洒主要是在往量酒器中倒酒水时没有控制好倒酒的速度，从而造成酒水滴洒问题；还有一种情况，就是选手在使用量酒器时，正反两边同时使用，造成已经使用过的一端反过来时里面残存的酒液滴洒到台面上，这不是技术问题，而是经验和习惯问题，是完全可以避免的。

任务3　赛项点评

2017年全国职业院校技能大赛高职组西餐宴会服务赛项在全部比赛内容结束后，赛项执委会邀请本次大赛的总裁判长和各分项裁判组组长对本次比赛进行了点评。各位裁判长结合赛项规程、选手表现、比赛中的优缺点等进行了中肯的评价，为以后的集训和比赛提出了有效的建议。现将赛项点评内容收录于后，供指导教师和选手参考。

图4-13　总裁判长汪京强

一、总裁判长点评

本次大赛的总裁判长由华侨大学国家级旅游实验中心、国家级旅游虚拟仿真实验中心主任汪京强教授担任，汪教授连续三年担任西餐宴会服务赛项的总裁判长，对历年比赛情况都非常熟悉。他的点评如下：

（一）赛项数据分析

① 28个省（自治区、直辖市）参赛，66所参赛院校，80个参赛选手，男选手20人，女选手60人，中东部院校50所，西部院校16所。

②前八名选手分布特征

表4-19 前八名选手成绩分布

代表队	摆台得分（45分）	英语得分（15分）	西餐服务得分（20分）	调酒得分（20分）	总分
江苏省	42.57	13.70	19.55	17.90	93.72
广西壮族自治区	40.43	13.60	18.93	17.33	90.29
江苏省	40.73	13.70	18.90	16.60	89.93
山东省	41.83	11.83	18.47	16.60	88.73
广东省	40.00	13.17	19.00	16.50	88.67
重庆市	41.15	12.53	18.72	16.23	88.63
湖北省	41.58	12.70	18.92	14.70	87.90
陕西省	39.75	12.00	18.60	17.00	87.35

学校投入加大：特别是教学资源的投入在加大。

西餐教学全面：前八名的学生基本上四个赛项分值占前八，且较平均，可见教学的全面。

赛手经验丰富：几乎是省赛、协会赛的参赛选手，以赛带练，以练带教。

赛规理解透彻：获得好成绩必然。

行业支撑力强：西餐没有行业是不行的。

③后八名选手问题分析

发生失误，基本无缘奖项。后八的同学，英语基本是不高的。

表4-20 后八名选手成绩分布

摆台得分（45分）	英语得分（15分）	西餐服务得分（20分）	调酒得分（20分）	总分
28.38	6.07	14.90	16.77	66.12
25.80	11.23	13.60	14.47	65.10
32.73	8.07	13.10	10.50	64.40
30.18	6.47	13.70	12.70	63.05
31.83	5.20	16.00	8.83	61.86
26.40	10.27	12.77	11.50	60.94
29.45	10.93	12.10	7.50	59.98
26.32	9.90	5.00	16.40	57.62

失误：特长与综合不同。

（二）大赛特点

选人　练赛　教学　评判

1. 选人

一定先从英语来选择选手。长得不好，英语很好，首先就是自信的表现。老师你的手段伸出去，一定靠学生表现出来，没有学生的表现，老师即使在下面跺脚，没用的。所以选人首先从自信，特别是英语的自信、职业气质。

职业气质为什么反映在应变方面？如果发生失误，怎么应变？调酒每天第一组为什么失误率高？第一组酒是满的，倒酒时容易滴洒。教师必须教会学生应变，怎么倒满瓶酒？半瓶酒和满瓶酒手握的方式是不一样的。要教会学生应付这个问题。公平的角度就是你对学生这个方面的应变能力的练习（而不是寄望抽签抽得好）。

从数据当中看问题，从问题当中看现象，从现象当中看你的本质。所以，选人，英语不自信，完了（不能获奖了）。后八名数据就说明这个问题。

从英语台面主题介绍及知识问答的得分分布也可以看出选人中，英语自信的重要性。

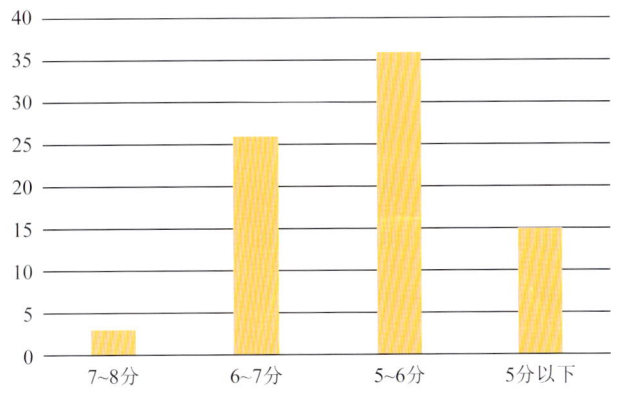

图 4-14　英语介绍总成绩分布

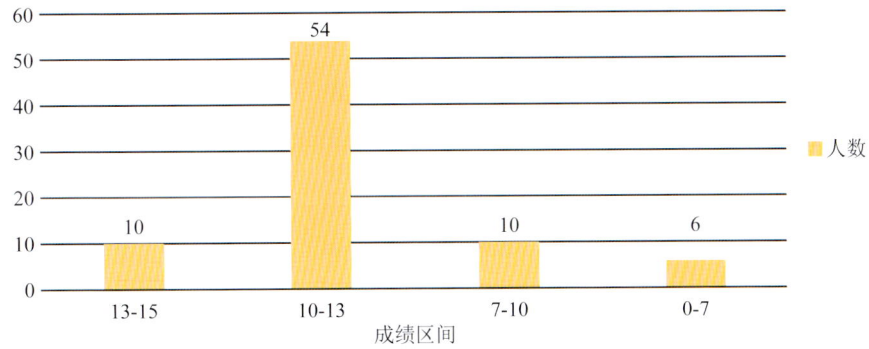

图 4-15　英语成绩区间分布图

2. 人台合一

所谓的表现手法，选手选定了还要根据选手的特点来定台面主题。选手的性格是沉稳的，你非得给他定万圣节；选手是个活泼好动的，你非得给他定个情人节。与性格不合，那种西式的优雅就没法表现出来。如果再加上之前举例的选衣服也不伦不类，怎么达到人台合一？

人台合一的概念应该是在（台面设计的）过程中，根据选手的特点来定台面色彩、内在。他的气质、内涵、眼神都很重要，他跟裁判交流绝不是抛媚眼的。英语如果只盯着托马斯看，不与其他裁判交流，怎么符合沟通的要求？

我的一举一动左右你的视线，你的唇齿之间锁着我对摆台的爱恋，摆你千遍不厌倦。

我们的学生为什么只看一个人的眼神，忽略别的裁判？眼中要有他人。人台合一要通过表现手法来做的，主题为什么突出出来，你对主题的理解是什么？主题要活化的，主题既然要进来，人要带进主题当中去动的。比如南瓜节，主题是个橙色本来就反映他内心的一种活跃，他所走的步伐就像唱歌一样，节奏在那放着呢，他的点在那，他的流线在这里呢。所以教师要借鉴人台合一，教师要设计的，并不是把学生练成小机器人。西餐不需要死板的教育，旅游也不需要。

3. 兴趣：学生为主导

练习时要把学生的兴趣吊起来，比如，练赛的小孩，你带他吃过西餐没有，如果没有，赛前带他去吃一餐，他的心态会放松的。不能僵化地培训选手，教师分析的东西就看别人如何做，到底以谁为主导？你以比赛为主导，不以学生为主导，这是你教学方式的变化，怎么选人？要有思想的。

（三）如何练赛

（一幅PPT显示的台面是假花。西餐摆台摆真实的，不摆假的）

尺度。有尺非尺，此尺非彼。今年规程不加任何几厘米、几公分，但心里有尺，这个尺是和谐之尺、美观之尺。而且给了一个大致的东西——只要你能够和谐统一。这已经把原来赛项很纠结和机械的分值的东西全部融合在和谐当中。给我们选手以更大的空间选择，给选手、指导教师一个发挥的空间——只要你是和谐的。举例桌旗不合适用在摆台上，影响选手成功率。桌旗一歪，全歪。

另一个要强调的尺度，去年在规则上强调，台布的烫痕不能违例，等同作弊。指导教师，这个尺度要重视。

美学。色彩学、工效学、人性之美。以前可能只重视色彩，但搭配过程可能会显得浪费，以后我们设计 3d 控件，解决浪费。什么是工效，第二和第三个工位之间的距离是多少？它就涉及一个工效的问题。距离太长，交流不便；距离太短，服务不便，有个尺度，有个美学问题，为什么要求的 30 厘米，符合黄金分割点的。所以，台面有色彩学、工效学，突出人性之美，让学生在实践美学过程之中产生行为之美。

潮流。西餐的发展已经远远不仅仅止于我们教师自身的。西餐的趋势多样，但一定是健康之美，一定现实地在摆台的过程中。

西餐宴会摆台数据分析

主题设计：最高分：9.44 分　　最低分：1.18 分　　　　操作动作：最高分：4.8 分　　最低分：2.42 分

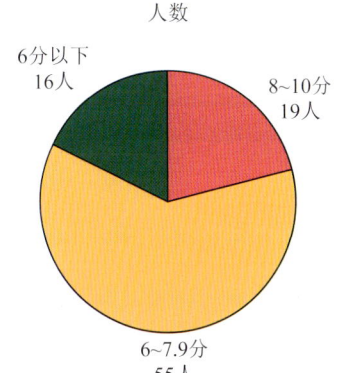 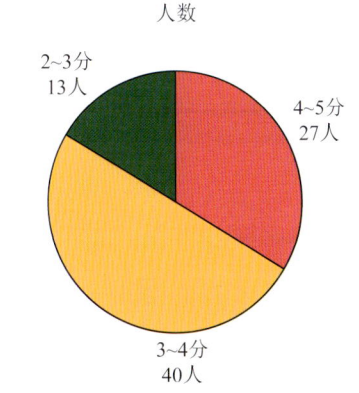

图 4-16　西餐宴会摆台主题设计得分分布图　　图 4-17　西餐宴会摆台操作动作得分分布图

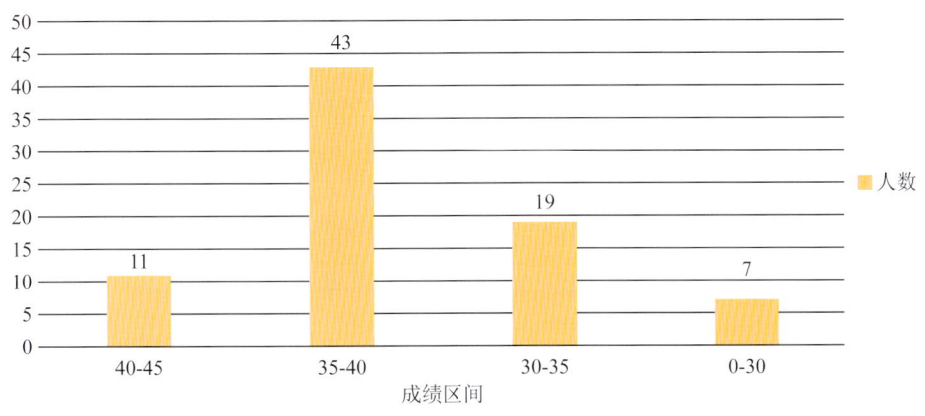

图 4-18　西餐宴会摆台成绩区间分布图

分值点基本成正态分布，说明评判基本是公平的。

图 4-19 桌旗歪了的举例

图 4-20 这个桌台没有整理

1. 教与学

今年强调桌台的整理,强调习惯的养成,这个选手的习惯养成不好。这个西餐重视,旅游也重视。这个习惯不仅仅是在光鲜之亮的面前表现的,更多是背后的,非待客期间的,甚至是小孩在独立工作期间的习惯。如果没有把餐具摆成一个规范的样子,她先做什么,后做哪个,都已经形成思维,对学生进行教学时,一定是思维操作,而不是操作思维，绝不仅仅就是操作。

西餐服务：更多重视学生的自然。

西餐文化：注重对西餐的理解，中餐重动，圆桌，热闹。西餐，静悄悄的，连刀叉发出的声音都不能有。酒吧消费习惯、餐桌饮食习惯分析，东西式服务微笑的比较。冷静是西餐的范式。要在做西餐教学的过程中用西餐的文化和西餐的思维去教学。这是用我们的方式进行和，和而不同。西餐范式：自然、冷静、人性、民主。我们通过学习西餐来反思我们自身的文化，来提升我们的文化，这是教学背后的实质问题。自信点怎么出来？用自己的长处去展示给别人。

西餐服务分析：

撤换餐具：最高分：6分　　23人　　最低分：1分　　2人
开葡萄酒：最高分：4分　　29人　　最低分：2分　　1人
酒水斟倒：最高分：8分　　2人　　最低分：3.5分　　1人
操　　作：最高分：5.8分　　1人　　最低分：1.5分　　3人

最高分：17.9分　最低分：7.5分

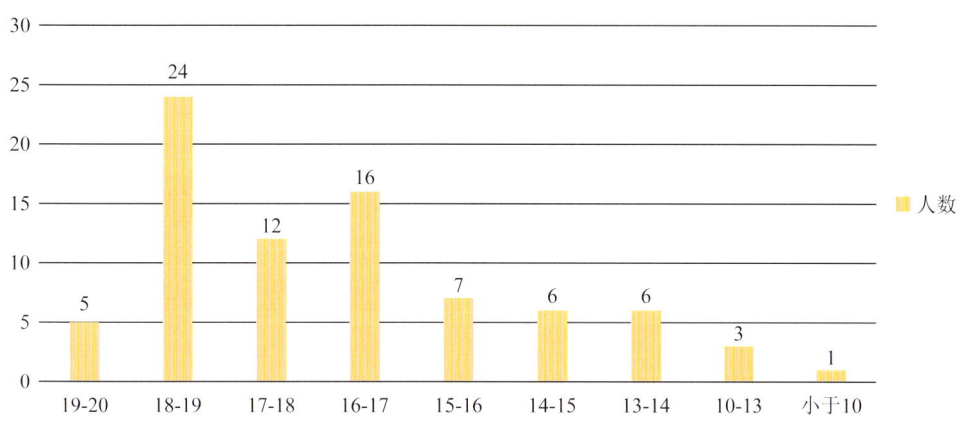

图4-21　西餐服务得分分布图

2. 评判

调酒展现学校培养学生的基本技能。不仅仅是技能，还突出一个巧字。

规定酒是基本功，挑选酒品之后反映的是基本功的问题。

自创酒要突出健康美食概念。自创酒并不是漫无边际的自创，是要对食物的一种崇拜之情去创造。

调酒分值分析：

抽签酒调制：最高分：5.38分　　最低分：3.34分

自创鸡尾酒：最高分：10.6 分　　最低分：7.8 分
物品掉落扣分：0.1~2 分　　　　33 人次
滴酒扣分：0.1~4.2 分　　　　　57 人次（心态、临场应变、基本功、自信都反映出了问题，今后要加强训练）

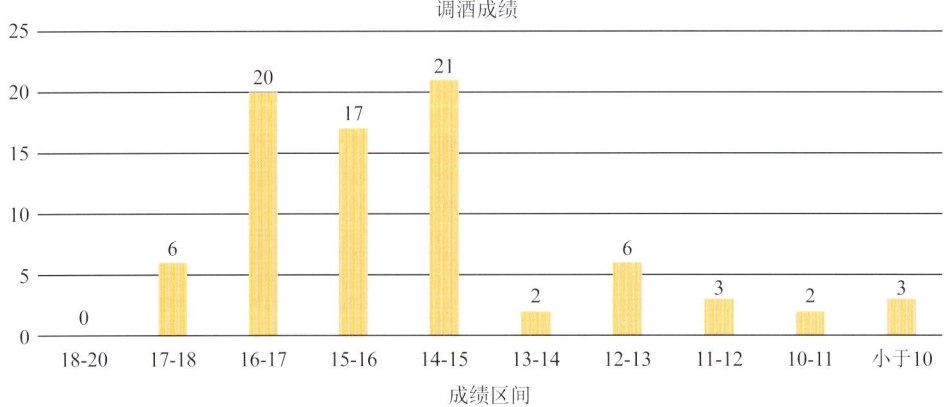

图 4-22　调酒成绩区间分布图

图 4-23　调酒装饰物不规范举例

（四）展望与反思

①西餐教学东西部交流
　　西餐课程　交流学习
　　师资培训　成果转化

②西餐教学与国际化接轨

③西餐赛项内容循序渐进和深度转化

（上述内容根据录音整理，未经本人审核）

二、西餐摆台裁判组长点评

西餐摆台裁判组长由台湾高雄餐旅大学教务长游达荣教授担任。游教授是著名的餐饮服务与管理专家，多次担任世界技能大赛、亚洲技能大赛的裁判，具有丰富的实践经验和大赛裁判经验。他已经连续四届受大赛执委会邀请担任西餐大赛的裁判。游教授的点评如下：

首先，现场观摩的观众、老师和选手们水平很高，都很安静，都很守纪律，彼此都相互约束。有人在门外大声嚷嚷都会出去跟他说

图4-24　西餐摆台裁判组长游达荣

"嘘"，这是一种素养、一种纪律、一种素养跟进步。一个老师有这样一种素养，尊重他人，当然会把他的选手教得更有水平、水平更高。服务业就是为他人着想。这是一种很重要的赛项的精神。

建议任何的老师在指导选手的时候，你不能只动口不动手，你也不可以只是用眼睛观看他人就以为这样是了，然后就回去跟学生胡说八道一通，你看的不一定是对的，不一定是事实，也不一定是真相。指导教师要亲自实践与经历过才能更好地培养选手。这样的比赛内容看似一个静态的呈现，其实这个呈现是过程的结果。所以，一个人的站姿，一个人过去历程所经过的总结就在他的个人的姿态上面，一看就知道怎么样了。所以，建议老师，请你到真实的世界里面去看人家是怎么在做服务的，不是你在这边想象：我认为很好，我做得不错。殊不知，你的不错对别的专家来说可能是非常的错。所以老师在培训选手时要负很大的责任，这是非常重要的。因为小孩是社会的未来，他不能学你，不是简单地复制基础思考。必须培养学生去反思，反思是一个人的基础，很重要的事情，是人进步的动力。

所有的评审有一张表格，有很多项，所有的评审都要透过我跟他的沟通，每一个事情把它解析解构，解构到这里面每一个细项。我是一个裁判组长，我必须展示、告诉他，这是干什么干什么的。所以他们是经过训练的，他们不是乱评的。指导教师也要从2015年《固本培元》那本指导书里面参考，这里面都写得很清楚。老师也要像裁判解构西餐摆台要点一样，要懂每一个细节，老师不懂不行，你不能凭想象去教学、

培训。

（一）关于工作台

两分钟做准备，两分钟里面放很多东西，这些东西，没有规定什么摆左边，什么摆右边，我们没有具体规定的，很简单的。只有一样要重视：桌子的边沿，任何的东西超出四周的边沿，那就是不安全，你的不安全会被我扣分的。很多的动作关乎安全，比如老师在教学生拿个托盘放下去以后，干吗把托盘放边沿呢，你摆一次我扣一次分，因为这个没有安全意识，没有安全感。

工作台的卫生。基本这个行业就是安全跟卫生。服务业是卫生的行业，这个很重要。各位有拿了很多皮箱来装物品，你问问整个环境，问这个环境的安全卫生，箱子乱丢，塑胶纸乱丢，丢到桌上，丢到地上。还有同学紧张到餐花放在大瓷盘上，上面还放花，还放托盘，你觉得这个卫生吗？工作台上所有的杯子、盘子，用你的方式摆整齐，所谓的整齐就是前面对后面，左右对左右，这是规范。但有的人乱摆一通。

现在的比赛比2013年进步很多，但还有很多人很狭隘地只看这个台面，忘了整个周围，忘记了这是一个整体的东西。所以建议老师要教同学整体观念、过程管理，教他怎么从1看到10，而不是只在看1里面的1.1而已。

还有一个时间的问题。时间之内，你早做完，晚做完，分数都一样，不会因为你早做完就给你分数高。还大声说：准备完毕，你还有很多时间啊？选手工作台有很多错啊，你为什么不做呢，你这么早说准备完毕干什么？

再来就是要学会检视你的环境。东西很多，摆到桌裙里面去，不能摆前面后面，那就是训练选手一个安全的意识、卫生的意识跟组织人力的意识，是很基本的、一个服务人员应该具备的基础技能。

（二）关于铺台布

经过2013年到现在，基本没有人再乱抛的。但今年大概7、8个选手，还在高抛台布，这是不好的事情。所以要懂得如何在安静和较低的范围下铺台布。有一个选手，长台前后"呲"地这样铺，这不是什么姿势表演，需要你又快又准又狠的，在规定的时间里面，一次两次的动作就摆好。有个选手，就是这前面8位里面，摆台布三个动作，1、2、3干净利落。3这个动作里面还包括小的桌旗。我从来没看过哪个选手可以这样3个动作把它摆好的，优秀是因为他会思考。他把折线弄好之后，他从横边"啪"一铺，两边下垂就一样了，中心线在正中间，桌旗摆放就观察两边对不对。这就是我们比赛所期待的结果，教一个学生高阶思考，他自己会思考，是带得走的能力的，不是把同学教笨。

另外，台布千万不要烫（编者注：这里烫是指台布的定位性熨烫），一烫它就是不公平的，就是作弊的，这不是我们比赛要看到的。评审要公平公正，这里就更不能作弊，这是违背人类基本道德的，所以不要烫中心线之外的折痕。

桌旗，也不知道什么时候流行摆桌旗。桌旗买来是新的，要洗要烫，烫的时候就容易烫歪掉，比赛时怎么摆怎么歪。以后比赛选手继续摆长的桌旗的话，怎么摆怎么歪，就会被扣分。

（三）关于定位

椅子定位很重要。一个那么长的桌子怎么一个大定位？六个席次怎么坐？椅子就是大定位，测出你大的方向，大的距离。椅子靠在桌边下摆边沿，有一定距离要求，你不能太近、太宽。很多同学一紧张就忘了这些东西，你的椅子只会放，可是你放的是不平直的，是歪的。放椅子的时候要会检查椅子和桌沿的距离或者椅背是一直线。有个同学很厉害，他明明是摆错的，给自己留了还剩40秒的时间，他把它一个一个检查去摆正。最后总体这个同学的分就很高，因为他知道如何改进自己的错，他看得懂，他不是为了摆而摆。那这个老师就教得很好，他教学生会检视，检视很重要。

装饰盘是第二个关键，椅子定位后装饰盘定位，装饰盘定位后不要急着摆餐具，要退后一步看，六个装饰盘有没有对齐。蹲下来看，不要花式的动作，那个是假的，没有用。要记得左右上下一定要定位清楚。接着再摆刀叉餐具，这时餐具一摆就是准确的了。你不能只做表面，只做表面的花哨动作，但实际上都摆错，就白定位。这个很重要：要做"对"的事情。

摆刀叉定位时要注意手势，拿正确。左右两边有两个指头，定两边；这边的拇指定桌沿的距离。以后就这样拿，一摆就对了。黄油刀和奶油碟，规定是1/3就是1/3。何谓1/3，是盘面里面的（圆）的1/3，你不能看着整个盘面的1/3，是里面的另外一个（圆）的1/3。一个圆面的1/3一定要看得懂。黄油碟是正中间对过去的，一定要退后一步看一眼。不然是白放的。杯子摆放，有的选手太紧张，分不清杯子形状，一个餐位上摆了相同的杯子。要把红酒白酒杯形状看清楚。杯子摆放不要碰出声音。

最后，再次强调的是教师一定要指导学生懂得检视。要在比赛进行到11、12分钟左右做好。剩下1、2分钟，走一圈一个一个检视，把摆错的重新做好。

（上述内容根据录音整理，未经本人审核）

三、西餐服务组长点评

图4-25 西餐服务组长周丽

西餐服务组长由常州轻工职业技术学院旅游系主任周丽教授担任。周丽教授多次担任全国及省市技能大赛裁判工作,具有丰富的理论基础和实践经验。她的点评如下:

好的方面主要有三点:第一个是选手的专业知识和专业技能非常扎实,应变能力非常强。第二个方面是操作规范,岗位气质突出。第三个方面是通过选手彬彬有礼、落落大方的这种操作和表现,为我们整个赛场营造了好的氛围,既愉快又不乏紧张。

存在的问题和未来的注意事项:

一是对菜单的认知还不是很熟悉。有的选手拿到菜单花6、7分钟来解读,那么就影响了后续的节奏,这个在比赛中比较突出。有选手看见菜单上有鱼,以为是海鲜类鱼,实际上可能就是一个头盘,就导致后续操作中一系列失误。

二是菜单认知的缺陷,会导致餐具撤换的问题。什么菜搭配什么餐具也有很多错误,导致餐具的多撤、少撤、不撤、撤错。赛场中有的选手,客人没有点汤,但是很多选手在撤掉汤勺后,把其他所有勺都撤掉。菜单认知的不熟悉,以及菜品与餐具搭配之间的不熟悉,导致了撤换餐具的错误影响了斟酒。

三是斟酒,斟酒之前有示瓶、开酒、品鉴的过程。相当一部分同学没有示酒,即使示酒,示酒过程也不规范、不到位。要追求动作规范和到位,这是比赛要求的对西餐知识和技能的掌握以及规范性把握这三个点的综合。

四是在开瓶当中存在的问题。第一就是切割胶帽还有待提高,横切不到位然后竖切的很多,这样切下来后,对瓶盖的完整性和光滑性会受到扣分。另外就是软木塞因为开瓶的不到位,会导致软木塞的完整性和中心部分受到影响。有的选手会拿木塞给客人鉴定鉴别,有的没做,本届没扣分,希望下一届改进。有的选手呈上软木塞时没有用托盘,瓶盖和软木塞放在一起,我们裁判组没扣分,希望下一届注意。鉴酒当中,选手存在的错误,第一,因为前面操作失误没有办法示酒,撤错了主人位的红酒杯,没有主人位的红酒杯可以鉴酒。直接就倒到3成满或者5成满。答疑会上明确说明3到5成满,但很多选手还倒8成满。规程明确规定了3到5成满。冰水也是这样。

五是卫生问题,主要是开瓶过程中,选手细节把握不好,即使有擦拭这个动作,也非常粗鲁和野蛮。还有操作过程中的一些细小的碎屑,选手会直接用手把它抹到餐台下。这个不卫生。

六是强调一下服务的顺序问题。选手抽到菜单后，首先要明确服务对象，是1号位还是2号位还是4号位。有的选手不能确定主人位是谁，导致后续服务出现很大问题。顺时针服务做得还可以。第二确定服务对象、明确主人位后就是撤换餐具并且整理。有一位选手，餐具需撤掉鱼刀和鱼叉，她理解为撤换餐具是把鱼刀和鱼叉调整到客人的最外边而不是拿下，其实她的撤换和整理没有达到我们的要求。接下来就是服务冰水，这次有的同学没有撤换餐具就倒冰水，没进行扣分，但是服务冰水的量，一定要关注标准。冰水后服务白葡萄酒，白葡萄酒的量也是3到5成。一定要包瓶倒酒，但是有的院校选手即使包瓶他的手依然碰到白葡萄酒瓶，达不到包瓶的目的。白葡萄酒之后是红酒服务，示酒、开瓶、鉴酒、斟倒。最后进行工作台整理。然后操作完毕。有的同学没有关注工作台，工作台凌乱也被扣分。

（上述内容根据录音整理，未经本人审核）

四、英语台面主题介绍组长点评

英语台面主题介绍组长也是由赛项执委会邀请的新西兰怀阿里奇学院的托马斯教授担任。托马斯教授已经连续三届担任西餐宴会服务赛项英语台面主题介绍组组长，他的语音纯正，发音准确、清晰，给参赛选手营造了一个宽松、和谐的比赛氛围。他的点评如下：

完美在酒店服务英语中是很重要的。

图4-26 英语台面主题介绍组长托马斯

作为最近三届的裁判，我很高兴看见选手们比去年有所进步：去年我建议，不要紧张，今年选手们做到了，表现得轻松、放松；去年我建议，微笑多一些，今年，大多数选手都能展现迷人的微笑。我还建议，到你桌边，给我们谈谈你餐桌上的每一样东西，比如这是我的鲜花，这是我的复活节兔子，这是我的万圣节骷髅，这些是美丽的复活节百合花……因为这些细节向我们展示你懂得餐桌上的每一样东西……

当你向我们诉说台面时，你应该用上你的肢体语言。你还必须大声。上一届，有的选手声音很小，这次比赛，你们很大声。这个环境很嘈杂，假如我听不清你的声音，我很难给你分数。今年很多选手台面介绍时比较自信，声音比较响亮，这令我很高兴，帮助我和其他裁判给大家一个公平的分数。

今年我想给大家另外一些建议来帮助选手进步。

一是理解标点符号的含义在英语表达中很重要。句号,你应该给予充分的停顿;逗号,你应该稍微停顿再继续。假如不停顿,听起来像打机关枪,巴拉巴拉巴拉巴拉……让人难以理解。(举例)你想说清楚请用"心"说话。明年,请说慢一些,理解你所想说的,用"心"表达,展示你真的懂并且喜欢你分享给我的东西,效果会更好。

另一个建议是你必须真正了解你的主题。选手很"了解"自己的主题,父亲节、母亲节、复活节、感恩节、圣诞节、情人节……大多数选手阐述主题表现很好,但有的选手遗忘了很重要的东西而导致丢分。

40道公布的题目回答都很好,很多人都满分。小部分选手有1、2个不准确之处,会扣分。

但,对我来说,只有两分是重要的,那就是就主题台面的提问部分。两分意味着完美,但没有选手满分。我问的问题都很简单,比如你的主题是情人节,我会问,你觉得为什么这个世界上爱是很重要的?我问学生关于感恩节的问题:你最想对他说声谢谢,最想感谢的人是谁?选手告诉我,我要感谢父母,他们为我做了很多。我也要谢谢老师,但我不想看见我的老师,他脸上还洋溢着笑容。这选手理解我的问题,并给我答案,这很好。我问选手,你为什么选万圣节,万圣节是传统的美国节日呀。一个学生告诉我,我喜欢好莱坞的惊悚片,所以我选择万圣节主题。我还问学生关于爱好的问题,选手告诉我,我喜欢服务业,这是我喜欢去做的。这些是我喜欢的答案。这些是我喜欢问的问题,而不是问你的主题是什么,我倾向于问与你主题相关的一些东西,你需要有一个开放的心态来准备你的回答。

服务业给顾客留下的是一段经历、一段体验、一段感受,所以,最好是从自己的经历、体验、感受出发来回答问题,它会令人印象深刻。(举例母亲节的回答,声音颤动,眼泪打转)

(上述内容根据录音整理并进行翻译,未经本人审核)

五、鸡尾酒调制组长点评

鸡尾酒调制组组长由昆明学院旅游学院院长田芙蓉教授担任。田教授是著名的调酒专家,长期从事调酒教学工作,多次担任全国饭店服务技能大赛调酒裁判和裁判组长,具有丰富的裁判工作经验。她的点评如下:

图4-27 鸡尾酒调制组组长田芙蓉

（一）整体印象

①大多数选手都认真准备，花费了很多时间去训练抽签酒，开动脑筋精心设计自创酒，有创新意识，很好地表现出了自己的风采和专业水平，整体情况良好。

抽签酒得优的表现：总体酒材、酒杯选配规范、调制过程规范利落、一丝不苟。

自创酒得优举例：

a. 主题独特——如"醉霓裳"，像一首诗，选料与主题匹配度高，色泽和谐，口感层次丰富。"酒中美人"＋"花中美人"＋"果中美人"＝"美人蜜"。

b. 酒品用料丰富创新——如蝴蝶豆浸过伏特加的"蝶"、司岗里木瓜酒＋玫瑰老卤水作品"背影"、梅子利口＋摩根船长朗姆＋原味糖浆＋柠檬汁＋梅子苦精＋紫苏的"清欢"。

c. 装饰有观赏性——如红丝带作品"关爱"、假面杯座作品"假面"、心形桃片穿桃花枝作品"三生三世十里桃花"。

d. 口味特点突出——"翡冷翠"，让我想起我曾经的创作："我的野蛮女友、欲望都市"；个性化的"胭脂"，贴近市场、适合女性口感的酒品。

e. 调制的创新——工具上，有很多选手使用波士顿调酒壶，酒杯使用茶杯甚至火龙果来代替。

②这次比赛已经进一步表现出了西餐服务对调酒要求的风向标。

a. 实用性、灵活性、创新突破点。

b. 认真把握每一个环节，注重细节处理和把握。对选手专业技术和心理素质的要求更加严格，临时抱佛脚是不可能的事情。从调酒比赛的设计和扣分要求可以看出这一点。（第四组2、3对比）

③很多院校不太重视调酒的赛程，训练不到位，导致很多选手在此项目丢分过多，留下很多惋惜和遗憾。

（二）出现的主要问题

①无论是抽签酒还是自创酒失误太多，尤其是洒酒和掉东西不应该，并且比例很大。

②装饰物做的问题比较多，很多没有按照配方的要求进行制作。比如菠萝和柠檬的处理、吸管和搅棒的遗忘等。

③最不应该的是有很多选手居然没有记住配方，这真心不应该！

④开胃酒选择不适合使用的中国白酒，白酒一般是佐餐和餐后使用。

⑤酒杯的选择很多不合理。主要是杯子太大，比如：暴风杯。

⑥配方文稿有的缺失英文、有的缺失中文、有的缺失配方原料和比例等。

⑦水果浪费情况严重。

（三）建议

①按照英式调酒的技术要求把酒调好，不失误。技术不过关的情况下不要炫技。

②合理设计自创酒配方，不一味图配方复杂，让每个配方体现自己的作用，更不要同一种味觉或相近成分的配方过分混搭（金酒＋菲尔奈·布兰卡＋金巴利＋安格斯杜拉苦精）。一杯酒应带给人想象的空间，主题表达不要牵强附会（"黄鹂"：灰雀伏特加）。但同时也不要简单地把现有的开胃酒嫁接，形成马天尼变种或者金巴利变种酒。

③学调酒的选手还应加强如下培训：

a. 适量的果雕课程。

b. 世界经典鸡尾酒多年下来沉淀的搭配原则和口感规律。

c. 经典鸡尾酒的由来、故事，应该达到的口感、色泽效果等。不凭想象做酒。

④训练要向实际工作看齐，要有身处酒吧工作环境的感觉，有职业味道，善于和人交流而不呆滞，反应灵活而不刻意，动作大气而同时在手法和小细节上体现能力。建议比赛前要么下酒吧实操一段时间要么每天在校对客服务两小时，点什么上什么，熟练迅速，增加职业成熟度。

⑤研究减少滴酒洒酒的训练方法和小窍门。

（上述内容根据录音整理，未经本人审核）

项目五 展 示

任务1　选手风采

一、优秀选手仪容仪态

南京旅游职业学院　孟凡翔

陕西工商职业学院　杨廷岚

南京旅游职业学院　邱振超

南宁职业技术学院　洪瑞芬

青岛酒店管理职业技术学院　孙雪兵

无锡商业职业技术学院　李旋旋

湖南工程职业技术学院　朱颖

湖南网络工程职业学院　曾亮

山东旅游职业学院　张莉媛

太原旅游职业学院　阴棠棠

二、英语解说选手风采

安徽中澳科技职业学院　陶余平

辽宁经济职业技术学院　何程程

浙江旅游职业学院　龚一晨

珠海城市职业技术学院　马玫妍

黑龙江旅游职业技术学院　刘铭鑫

武汉职业技术学院　张静宇

项目五　展　示

漳州职业技术学院　黄嘉娜

杨凌职业技术学院　杨宇光

安徽财贸职业学院　王晨晨

三、调酒选手风采

陕西工商职业学院　杨廷岚

天津海运职业学院　康赵健

固本培元　卓越引领

北京经济管理职业学院　蒿雪晴　　　　　　　北京财贸职业学院　刘宏源

湖南工程职业技术学院　朱颖　　　　　　　浙江商业职业技术学院　徐圣超

长春职业技术学院　李湘　　　　　　　乌鲁木齐职业大学（含中专部）　杨嘉懿

重庆旅游职业学院　黎铃

南宁职业技术学院　唐晓程

珠海城市职业技术学院　马玫妍

任务 2　主题台面

一、情人节

情人节又叫圣瓦伦丁节或圣华伦泰节，即每年的 2 月 14 日，是西方国家的传统节日之一。这是一个关于爱、浪漫以及花、巧克力、贺卡的节日，男女在这一天互送礼物用以表达爱意或友好。现已成为欧美各国青年人喜爱的节日，其他国家也已开始流行。

传说情人节起源于公元3世纪,古罗马暴君为了征召更多士兵,禁止婚礼,一名叫瓦伦丁(Valentine)的神父不理会禁令,秘密替人主持婚礼,结果被收监,最后处死,死期就是2月14日。为纪念瓦伦丁的勇敢精神,人们将每年的2月14日定为瓦伦丁的纪念日,因此成了后来的"情人节"。

这一天,男士要送给自己的爱人一株(束)红玫瑰来表达爱意,女士则送上包装精美的甜蜜巧克力,以此来表示浓浓的情意。此外,西方还有互送情人节卡片的习惯,卡片上写有情意绵绵的句子。人们也给自己的父母、朋友或其他自己敬爱的人赠送礼物和卡片。

（一）玫瑰情人节

【主题创意说明】

本宴会的主题叫作"玫瑰情人节",是专门为三对情侣打造的。这三对情侣一直都是很要好的朋友,这一次他们想共度情人节来分享他们的甜蜜和喜悦。整个台面设计因以无处不在的玫瑰花装饰而与众不同。

在餐桌棉织品方面,本设计选用亮玫红色来奠定浪漫与可爱的基本格调。口布被折成玫瑰与百合的形状,寓意真爱当如百合般纯洁,当如红玫瑰般热烈。六张白色椅套则象征爱的神圣与纯洁。

中心造景方面,餐桌中心的心形金色托盘中装满了在情人节这一天情侣间会相互赠予的如唇膏、香水、巧克力和玫瑰等礼物。而金色的木质日历则显示着 2 月 14 日这个特殊的日子，似乎在提醒人们，今天是情人节，是一个应当毫不犹豫向爱人表达爱慕之情的日子。最后白色的玫瑰，带着天真纯洁的花语，更为台面增添了几分浪漫的气息。

　　凭借精致的设计，整个台面一定能给用餐者带来一次浪漫、梦幻且难忘的情人节。

【参赛选手】南京旅游职业学院　孟凡翔

【指导教师】南京旅游职业学院　徐斌

（二）情"翼"绵绵

【主题创意说明】

　　情人节宴会主题"情'翼'绵绵"设计灵感来源于罗马神话中爱神丘比特的故事。相传他是一个顽皮的、身上长着翅膀的小神，他的箭一旦射入青年男女的心上，便会使他们深深相爱。他成为西方情人节最著名的象征，也一直被人们奉为爱神。

　　台面以爱神丘比特的翅膀为主题造景，营造出情人节的氛围。丘比特扇动翅膀不但传递着美好和幸福，而且营造情人幽会的美妙场景。"情'翼'绵绵"宴会主题翅膀的造型诠释现代人对于爱情的理解：爱需要勇敢、自由、坚守。高贵优雅的黑色台布与紫红色的玫瑰花海交互衬托，加上绣有"翅膀"和"丘比特"图案的金色椅套遥相呼应，不仅衬托"情'翼'绵绵"的主题，同时也让宾客沉浸于情人节浪漫、甜蜜的氛围中。

台面整体以黑色、金色和紫红色为主，选用丝绸质地的黑色台布，它的柔软质地和奢华色泽，能给宾客带来强烈的设计感和舒适感。口布设计用心精妙，采用米白色棉质布料制作，三种造型既符合客用标准，又精致、美观。绚丽、璀璨、通透、美食、美器、美酒交相辉映，相得益彰。

中心装饰品构思巧妙，金色翅膀代表着爱神丘比特，他在情人节这天扇动着翅膀，蒙着眼睛，调皮地将爱意射向人群。选用玫瑰花，这种情人节最具代表性的花材，营造出一片紫红色花海。女孩身处其中，憧憬并等待着爱情的降临。以翅膀造型的树枝勾勒出爱神之箭，给台面设计增添了灵动感。中心装饰品与整个台面有效地融为一体，既活泼又不失雅致、既实用又透着灵性，情人们将在花香烛影里徘徊、徜徉……

整个台面各种元素有机结合，设计者每个细节尽力彰显出浪漫、甜蜜的情人节氛围，不仅适用于西方市场，也将促进东西方的互动、交流、融合，操作系数高，摆台便捷，实用性强。

【参赛选手】湖南工程职业技术学院　朱颖
【指导教师】湖南工程职业技术学院　石洋

（三）"晶爱"情人节

【主题创意说明】

本次台面设计以象征永恒不变的水晶为主要装饰物贯穿整个主题，旨在为恋爱中的男女们营造出现代、优雅、浪漫的情人节约会氛围，主题命名为"晶爱"。

紫红色的绒面台布及椅套奠定了整个台面优雅、浪漫、高端的基调，增添了台面的神秘及层次感。高端性质白色瓷盘起到"围景"作用，凸显台面造景，台面造景主要由中心装饰物、烛台、餐巾花构成。中心装饰物采用插花与实物相结合的造景方式，现代风长方形底盘铺以水晶，两端插以象征高雅、纯洁、永恒的马蹄莲及象征爱情的玫瑰，中间以拱形线条连接，透明水晶钢琴位于拱形下方，仿佛一对恋人从"爱情之桥"两端的玫瑰花丛中冲向彼此的怀抱，在《致爱丽丝》的美妙音符下相拥；朝向餐台中央的马蹄莲餐巾花形仿佛一群观众，手捧水晶向恋人送去美好的祝福；玻璃烛台配以红色蜡烛，渲染了现代、浪漫的主题风格，并见证了恋人的相恋过程。此情此景能够为恋人用餐创造浪漫的情爱氛围。此外，桌号牌经过精心设计，将"晶爱"主题命名刻为情人节必不可少的心形。巧克力放置在身姿妖娆的花瓶中，配以鲜花搭配，具有创新性并凸显优雅主题。

本次台面设计中的物品均可在现实中获得，水晶均以玻璃材质或仿水晶材质代替，成本能够得到控制，因而宴会具有较强的适用性与推广性。

【参赛选手】漳州职业技术学院　黄嘉娜

【指导教师】漳州职业技术学院　邢宁宁

(四) 约定

项目五　展　示

【主题创意说明】

宴会以情人节为背景，讲述了曾经两小无猜的男孩和女孩，在分别多年后重新相遇。本次宴会是男孩为圆女孩一次公主梦，而为其举办的。他希望曾经的那个女孩，永远拥有自己的公主梦，做一个无忧无虑的公主；他希望曾经自己心中那个无忧无虑的公主，永远活在自己心中；他也希望完成自己心中的梦想——圆她的公主梦，也是在成全曾经的那个自己，那个少年的自己。

欧洲宫廷菜流传已久，独成一系，其所演绎的高调与奢华，令普通人望而却步。传说在宫廷举行宴会时，菜式种类丰富复杂，奢华精致，可与满汉全席相媲美。一个菜品往往达64种之多，当时的菜单上有冷盘、汤、肉、禽肉、水果、点心之类。客人正襟端坐于装饰奢华的餐桌前，轻柔地移动手中的银色刀叉，将盘中精致的美食一一放入口中……那一份不可言喻的、贵族般的优雅让人心醉。

考虑到宴请的宾客对欧洲宫廷菜情有独钟及其尊贵的身份，所以选择的珐琅烛台及主装饰物、餐具、插花等都与"约定"的主题相呼应，力求突出宴会奢华又不失优雅的皇家气质。

粉色和白色的结合，成就了宴会的主色调；同时代表了女孩的浪漫和优雅，更营造出浓郁的欧洲宫廷风格，烘托了公主的尊贵中略带活泼的皇家气质，使宴请的宾客感受到为其量身定制的高贵与优雅。

宴会餐具的使用，均围绕"约定"这一主题展开，主打白色的装饰盘，使得富丽堂皇的欧洲宫廷宴不失大方得体。

【参赛选手】太原旅游职业学院　阴棠棠

【指导教师】太原旅游职业学院　成玮

（五）蓝色大海的传说

【主题创意说明】

当王子点燃灯烛，美人鱼公主为了爱情从海底游到海面，她的美丽和善良深深地感动了世界人民。"蓝色大海的传说"台面设计以浪漫爱情为主题，为情人节情侣餐宴设计。其灵感来源于安徒生的爱情童话故事《海的女儿》，旨在营造浪漫唯美的就餐氛围。

宴会餐台选用蓝色桌布营造出蔚蓝色大海的背景。桌面中心摆放一个绘有海草图案的亚克力透明椭圆形平板，板上放有贝壳、海螺、珊瑚、海星等，展现出海底景观，海浪中斜卧一尊美人鱼塑像，整个背景显得生动逼真，给人以身临其境的美感。

　　本主题主要体现出典雅、精致和浪漫的氛围。蓝色桌布搭配白色口巾布,色彩明艳,精致典雅。白色口布用蓝色缀边装饰,餐巾环用银质的海星点缀,放在精美的餐盘中,显得协调一致。再用白色贝壳做餐号牌,蓝色椅套用蓝白相间的美人鱼刺绣图案装饰,整体衬托唯美浪漫的氛围。

【参赛选手】厦门南洋职业学院　周芳玲

【指导教师】厦门南洋职业学院　方晓勤

(六) 芭蕾之恋

【主题创意说明】

在以欧洲人为主的芭蕾舞领域，有一个东方女孩跳进了他们的世界，并站上了金字塔的顶端，成为首席舞者。至今为止，她仍是世界顶级芭蕾舞团中唯一的华人首席演员。她就是出生在中国的谭元元。

情人节，亲人们和朋友们特意为她举办了西式主题宴会，赞美她将青春和爱情都献给了芭蕾舞事业，并真诚地祝愿她未来的人生路上和芭蕾舞的舞台上，有爱相伴。

中心装饰物是一组以精致的玫瑰花为主体的插花艺术品，中间站立着一个芭蕾舞演员的艺术造型，意喻着谭元元三十多年艰辛苦练，终于获得了世界顶尖级的荣誉，爱的鲜花簇拥中叙述着无数的为舞蹈奉献的故事。

淡粉色的桌布，点出了情人节的主题，也是对主人公为舞蹈事业奉献青春和爱情的赞美。白色椅套将主人公的纯洁心灵和优雅的气质给予了表达，椅套上的金色蝴蝶结与主题相呼应；主人位双头蜡烛餐巾折花造型，突出了为她过情人节的热情；客人位的玫瑰花瓣餐巾折花蕴含爱的浪漫，也清晰地表达了这个特殊情人节的内涵。

白底金边餐盘和晶莹剔透的玻璃器皿，纯净而高雅，将主人公的气质和内心世界都予以了表达。

【参赛选手】 上海城建职业学院　陈苗苗
【指导教师】 上海城建职业学院　祝呈琦

二、复活节

复活节（Easter），是纪念耶稣基督复活的节日，西方信基督教的国家都过这个节。在西方教会传统里，春分之后第一次满月之后的第一个星期日即为复活节。东方教会则规定，如果满月恰逢星期日，则复活节再推迟一周。因此，节期大致在3月22日至4月25日之间。复活节是最古老、最有意义的基督教节日之一，庆祝的是基督的复活，世界各地的基督徒每年都要举行庆祝活动。

鸡蛋在西方象征着死后又复苏的生命，因此被作为耶稣复活的标志。后来人们还把鸡蛋染成五颜六色，以增加喜庆气氛。复活节当天，家庭主妇们会把煮熟的"复活节彩蛋"藏在树穴、草丛或山石后，让孩子们四处寻找。在美国还有一年一度的白宫滚彩蛋活动。后来又发展到把巧克力、糖果等做成鸡蛋模样，包上各色彩纸，互相赠送。

（一）复活节奇幻夜

【主题创意说明】

台面以复活节为主题而设计，为我们带来了复活节的许多珍贵场景和画面。若隐若现的天使跃然在桌旗上，点亮了整张台面。中心装饰物四只可爱的复活节兔子环抱，仿佛是为节日送来欢乐的使者，兽环的彩蛋寓意生命的蓬勃生长绽放。其他台面也完美地呈现了复活节奇幻夜的特征。桌旗上盛开的百合花，也正像是在大声宣扬着我们心中的耶稣基督复活了的好消息。

复活节奇幻夜这一台面的设计，通过一些细节，将客人带进了复活节的氛围里。整体设计以欢快的节奏给人以复苏和新生之感，也同时体现出西餐宴会典雅、温馨的氛围，希望客人有一次好的就餐体验。

【参赛选手】浙江旅游职业学院　龚一晨
【指导教师】浙江旅游职业学院　方敏

（二）"希望永在"

【主题创意说明】

整个台面是以草绿色为主色，寓意重生与不灭的希望；用白色暗纹桌旗做装饰，象征着心中基督耶稣的圣洁；再配以简洁大气的白色椅套，彰显西式宴会的优雅、简洁与大气；布草的选择方面，紧密结合主题，选用了绸面材质的布草，纹理生动活泼，给整个台面带来春天般希望的气息。

本台面选用了精致的白色印花骨瓷餐具，并配以蜡烛。春芽四叶和帆船等寓意美好的口布折花，凸显正副主人位的同时，更显示了台面的美观、精致，从而给客人美的享受以及节日的祝福。

本台面选用复活节的象征——兔子、彩蛋以及百合花作为中心主题装饰物。兔子因有极强的繁殖能力，人们视它为新生命的创造者；彩蛋象征着复活也就是重生；而百合花象征着神圣与纯洁，其喇叭的形状也正像是在大声宣扬着心中耶稣基督复活了的好消息。整个主题装饰物洋溢着重生与希望、欢乐与祝福的节日氛围，让客人能够深切地感受到这美好的祝愿。

"希望永在"，是本台面想要传达的主题立意；同时，也是对人生的美好期盼，更希望这一主题设计能带给用餐客人节日里的问候、心灵上的触动以及身心上的愉悦。

【参赛选手】漳州职业技术学院　薛海燕
【指导教师】漳州职业技术学院　钟淑丽

（三）万象更新

【主题创意说明】

本次宴会主题名为"万象更新"，主题创意源自于西方著名传统节日——复活节。复活节是最古老、最有意义的基督教节日之一，庆祝耶稣基督的复活，象征着重生与希望。

跨越了寒冷的冬季，冰雪消融，春回大地，世界如同重生一般迎来了新的生命和希望。

春天，就像是一帧浸染着生命之色的新鲜画卷，在我们面前徐徐展开。淡淡的黄色桌布，就像那散落在树荫底下的春日阳光，也似那孕育了沉睡种子的松软土壤，温暖而踏实；嫩嫩的绿色餐巾，就像破土而出的自由生命，让人惊叹于造物主的神奇，心中充满希望；透明的敞口酒杯，犹如一朵朵怒放的生命之花，寓意着生活的无限美好。

两只憨态可掬的草编兔是复活节的天使，质朴、可爱，它们正带着满满一篮复活节彩蛋，越过山岗，穿过丛林，把快乐与希望撒向人间。其实有意义的生命很简单，多一点善意，多一些尊重，多一下彼此的关爱与帮助。

简约精致的烛台、洁白无瑕的餐盘、闪闪发光的餐具，寓意健康和快乐。

【参赛选手】山东旅游职业学院　张莉媛

【指导教师】山东旅游职业学院　孙文哲

三、父亲节

父亲节（Father's Day），顾名思义是感恩父亲的节日。约始于20世纪初，起源于美国，现已广泛流传于世界各地，日期是在每年6月的第三个星期日。节日里有各种庆祝方式，大部分都与赠送礼物、家族聚餐或活动有关。

在父亲节这一天，父亲健在的，子女胸前佩戴红玫瑰；父亲过世的则佩戴白玫瑰。儿女们会在这一天为父亲送上领带、袜子、打火机之类的小礼品，以表示自己的爱心。这一天的早餐是由子女们做的，父母早上不必早起，可以继续睡，子女们做好早餐便拿到床前给父母亲享用。各地风俗不同，也有向父亲送康乃馨、向日葵、太阳花的。

（一）沉默的爱

【主题创意说明】

"沉默的爱"这个西餐宴会设计，表达对天下父亲的理解和感恩。

使用墨绿色台布，它就像父亲般严肃、静默，又如父亲般庄重、深沉。口布用暗金色，正如父亲看似冰冷的外表下暗涌的暖暖浓情。台面整体布局和谐，色彩内敛统一。

简单的白色金边餐盘，寓意父亲的朴素、睿智。较低矮的水晶玻璃酒具，感觉像孩子看到父亲时那种踏实可靠。刀具简单大方的样式，寓意父亲的丰富与内敛，是儿女遇到困难时最贴心的导师和助手。简洁的烛台，像父亲挺拔坚毅，关键时刻为儿女指明方向和出路，助力儿女走出困境。蜡烛精神寓意父亲对儿女一生无私的付出。

餐台的中心装饰物选择了向日葵。向日葵，因花序随太阳转动而得名，其花语为"沉默的爱"。父亲就像阳光一直照耀着女儿这株小小向日葵，他深沉目光后的所有守望，从童年蔓延到成年的点点滴滴记忆，女儿在经历后已全然读懂。女儿带着感恩、信念的花语，向阳绽放。

【参赛选手】陕西工商职业学院　杨廷岚

【指导教师】陕西工商职业学院　刘晓花

（二）"父"出真爱之父亲节

【主题创意说明】

餐台台面整体设计以酒红色为主，酒红色的台布与父亲的稳重形象相和谐。

亮银色的餐具与亮银色的中心装饰物和烛台互相映衬，这些亮银色的物品避免了餐台设计的单调。

象牙白骨质牙签盅、椒盐瓶与象牙白骨质装饰盘、面包盘、黄油碟相得益彰，这些白色的瓷器又与白色的餐椅很搭调。

棱角分明的水晶玻璃杯与父亲硬朗的性格相呼应，象征着父亲是儿女心中永远的英雄。

中心装饰物衬衫、领结、胸针、袖口和烟斗是最经典的父亲标志物。所有的装饰物都是为爸爸准备的礼物。

主人位的口布花是父亲手中的拐杖，副主人位的口布花是父亲的皮鞋，其余四位的口布是父亲的衬衫的领结。所有的口布花都是父亲形象的典型标志。

现代简约的烛台就像儿女颁给父亲的奖杯。点燃的烛光就像父爱，为儿女指明了前进的方向。

【参赛选手】沈阳职业技术学院　赵颖

【指导教师】沈阳职业技术学院　宋园园

（三）父爱时光

【主题创意说明】

宴会台面主题是"父爱时光"。源自感恩父亲的节日。以感受、感动、感恩父爱为主线，通过父爱时光的场景再现，凸显父爱的坚毅、内敛和温暖，表达对父爱的感恩之情。

在主题中心装饰物设计上，我们选择了一对快乐嬉戏的父子，广袤的草原、温暖的时光，强烈突出了父爱开放、宽容的非凡气度。整个台面使用黑色和金色作为主色调，台布和口布的黑色，神秘，暗藏力量，寓意父爱如山。黑色与金色的搭配运用，加之餐具的完美映衬，产生神秘、沉稳而又华丽、辉煌的视觉效果。

台面元素设计紧密围绕主题，新古典风格的烛台，色彩明亮、大方，造型简洁、雅致；西装和领带造型的口布折花设计，简单易做，隐含一份回报父爱的惊喜，表达对父亲的感恩之情。桌旗和椅背上父亲的背影，表达的是对父爱时光最难忘的记忆。

温暖、雅致、特别的餐台设计，为一场感恩父亲的节日宴会做好了精心准备。

【参赛选手】无锡商业职业技术学院　李旋旋

【指导教师】无锡商业职业技术学院　苗淑萍

（四）感恩父爱

【主题创意说明】

这是一台为感恩父爱而精心设计的西餐宴会，创意源于每年六月第三个星期日的父亲节，父爱如山、父爱如师，父亲是孩子的人生导师。

布草选择上，设计者为了感谢父亲对儿女默默无闻的付出、对儿女静谧而深沉的爱，选用了大气而低调的银灰色的台布及简约的白色餐盘。口布的折花设计更是别具深意，与主人位椅套的呼应不仅传递出父亲严肃、厚重的形象，更把整张台面呈现出的和谐的视觉效果展现给宾客。中心装饰选用花语为尊敬、高贵且甘心为你付出所有的白玫瑰，这正是父亲的真实写照，插满白玫瑰的玉色花瓶点亮了整张台面的色彩。另外，书籍和烟斗分别展现出父亲的内在修养和外在刚强。细节设计是整个台面的点睛之处，细心的你有没有发现台历上的日期正是2017年父亲节的日期呢？是的，6月18日（星期天）就是父亲节了，让我们记住这个美好的日子！

整张台面的色彩以银灰色为主，蓝、白点缀，简单而不失庄重，严肃而不失热情。

通过这个台面设计来表达对父亲的爱与感恩,主题鲜明且符合西式宴会需求。

【参赛选手】江西旅游商贸职业学院 周盼

【指导教师】江西旅游商贸职业学院 郭蓓

四、母亲节

母亲节(Mother's Day),是一个感谢母亲的节日,这个节日最早出现在古希腊;而现代的母亲节起源于美国,是每年5月的第二个星期日。

在美国,这一天家里的男成员要把全部的家务活包下来,让母亲休息。儿女们每人要做一件让母亲高兴的事,以表孝心。远在异地的孩子要打电话问候母亲。由于母亲节的倡导者——贾维斯夫人生前喜爱康乃馨花,于是康乃馨成为母亲节的象征。人们在母亲节这天要在胸前佩戴一朵康乃馨。母亲健在的,戴彩色康乃馨;母亲过世的,则戴白色康乃馨。

(一)纯爱

【主题创意说明】

宴会设计采用蓝色镶嵌金色的台布,银色烛台和纯净的白色口布与写意的中心艺术品相呼应,表现母亲像海洋一样宽广而包容,像阳光一样温暖又明朗。而口布的造型为皇冠和信封,传递出母亲在孩子心中的地位和向母亲倾诉的心语，餐具的色彩和银器的选取代表母亲柔美的曲线。

中心艺术品选用了抽象写意的鹿母子，用动物来寓意母爱的无私、宽广。用康乃馨来烘托母爱的伟大和关怀，与口布中的康乃馨形成呼应，对应出母爱其实就是一种简单的付出，毫不复杂。

青春会逝去，爱情会枯萎，友谊的绿叶也会凋零，而一个母亲内心的希望与爱比它们都要长久。

【参赛选手】山西旅游职业学院　原宏祥

【指导教师】山西旅游职业学院　孙勇兴

（二）感恩母爱

【主题创意说明】

餐台台面以深灰色和银色为主色调，彰显其典雅高贵的母性光辉。主餐位的餐花为蜡烛造型，与烛台呼应，在淡淡烛光掩映下，餐具折射出水银般的光辉，淡雅庄重；副主位为帆船造型，寓意在母亲的辛劳操持下，家庭生活一帆风顺，幸福圆满。花台底部呈椭圆造型，既表达对宾客就餐圆满愉悦的美好祝愿，也表达出母亲的爱就像一个圆环，没有起点也没有结局，象征着母亲无限的爱。花台顶部呈屋顶造型，象征温馨的家。餐台鲜花以玫瑰、康乃馨、洋桔梗等花材寓意母亲的爱是无私的、不求回报的。

【参赛选手】河北旅游职业学院　郭东晓

【指导教师】河北旅游职业学院　王伟

（三）献给母亲的爱

【主题创意说明】

宴会主题设计的颜色以绿色为主。绿色的台布象征着母亲伟大的胸怀，绿色的口布像稚嫩的我们。母亲永远包容着我们，为我们遮风挡雨。

一束鲜艳的玫瑰花，代表着母亲的温暖，其中的星星点点，是母亲散发的光芒。在母亲节里，献上鲜花，送上我深深的祝福。

晶莹剔透的烛台，是母亲无私奉献换来的无价之宝，那就是母爱！

【参赛选手】乌鲁木齐职业大学　朱晓雪

【指导教师】乌鲁木齐职业大学　刘惠

五、圣诞节

圣诞节（Christmas）又称耶诞节，译名为"基督弥撒"，是西方传统节日，在每年12月25日。圣诞节是一个宗教节，因为把它当作耶稣的诞辰来庆祝，故名"耶诞节"，即是为耶稣的诞辰庆祝，因而又名圣诞节，是传统的基督教会节日，又是国际性质的娱乐节日。

西方人以红、绿、白三色为圣诞色，红色的有圣诞花和圣诞蜡烛，绿色的是圣诞树，它是圣诞节的主要装饰品，红色与白色相映成趣的是圣诞老人，他是圣诞节活动中最受欢迎的人物。

圣诞习俗众多，各国都有自己独特的庆祝方式，差别很大，但宗旨却都是一样的，都是为大家带来圣诞节和新年的祝福。

圣诞符号及活动有：圣诞树、圣诞火腿、圣诞柴、冬青以及驯鹿、雪橇、圣诞老人尼古拉、互赠礼物。

（一）可口可乐圣诞夜

【主题创意说明】

本宴会的主题叫作"可口可乐圣诞夜"。我们都知道，圣诞节是西方最重要的节日之一，是家庭团聚的欢乐节日。与之相似，可口可乐公司也将圣诞节作为他们公司文化的核心。有鉴于此，作为专为可口可乐商务代表团欢度圣诞节而设计的台面，本台面巧妙地将可口可乐的元素和圣诞元素结合到了一起。

关于桌面棉织品，亮棕色的台布用来与红色格子椅套搭配来呼应整体设计。而六块绿色的口布也被别具匠心地折叠成蜡烛、靴子和圣诞树的形状。这些典型的圣诞文化符号，将有助于烘托平和欢乐的圣诞氛围。

此外，亮灰色的瓷制餐具配上带有圣诞特色花纹的红色烛台，进一步增强了整体台面的华丽和欢乐气氛。

由于圣诞节和可口可乐都以红色为特色，在本台面的中心造景中大量使用了红色的，并印有可口可乐标志的限量版衍生产品。当挂在圣诞树上的金铃响起时，那仿佛是在告诉用餐者，小货车和小推车给他们送来了喜庆和祝福。小推车里放着一瓶纪念版的可口可乐，其瓶身上印有雪花和雪人的图案，同时展现了圣诞和可口可乐两大元素。

整个设计通过提供这样一种味觉和视觉上的双重享受，必将为用餐者营造一个难忘的圣诞夜。

【参赛选手】南京旅游职业学院　邱振超

【指导教师】南京旅游职业学院　徐斌

（二）欢乐圣诞

【主题创意说明】

此台西餐主题宴会"欢乐圣诞"的创意来源于每年12月25日的"圣诞节"是基督教徒纪念耶稣的日子，也是西方国家一年中最盛大的日子。

布草选择上，选用了暖暖的金色作为这张台面的主色调，圣诞树形的口布设计与节日主题相呼应，完美展现了圣诞节的主题氛围。

中心装饰物选用金色麋鹿、松枝盆景以及一些精美的圣诞礼品组合而成，仿佛麋鹿身处松树林中，为孩子们带来了丰富多彩的圣诞礼物，让大家开心地度过一个有意义的圣诞节。圣诞红与松枝绿的结合点亮了整张台面的色彩，造型细致、大气、高度合理，不影响用餐宾客的交流，体现出西餐宴会设计简约而不简单的理念。烛台设计是整台宴会的点睛之处，这两颗设计精巧的松果将圣诞的节日气氛展现得淋漓尽致。

整张台面的色彩以金色为主，红、绿点缀，整体突出圣诞的节日氛围，主题鲜明且符合西式宴会实际需求，适用于各种家庭及商务宴会，有很强的实用性及市场推广性。

【参赛选手】江西旅游商贸职业学院　杨思思

【指导教师】江西旅游商贸职业学院　阮秀梅

（三）快乐圣诞节

【主题创意说明】

每年的12月25日，是西方国家最为重视的传统节日——圣诞节。此次选择了以快乐圣诞节为主题的台面设计。

在西方人的心目中，红、绿、黄三种颜色是圣诞之色。为了能衬出红、绿、黄三种颜色，选用了白色的台布和餐盘，纯洁漂亮，代表着冬日里的皑皑白雪。选用黄色的烛台，代表着大家对圣诞节的盼望，温暖的烛光，照亮圣诞老人驾着驯鹿拉的雪橇从北方而来，为孩子们送礼物，孩子们高兴极了。

【参赛选手】重庆电力高等专科学校　董菊花

【指导教师】重庆电力高等专科学校　张玫

(四)极地快车

【主题创意说明】

宴会的主题来源于圣诞节。整个台面设计可爱而雅致、温馨而有爱,让人有宾至如归之感。

采用红色、绿色、白色为主色调,与皑皑白雪相辉映,彰显着宗教的神圣。中心的装饰物由预示着吉祥祝福的小火车和花束构成,提升了台面的雅致感。圣诞老人、雪花蜡烛和口布环增添了节日的氛围。口布叠起如树增加了整个台面的层次感,给人以视觉上的享受。本台面专为家宴设计,寓意无限,美好尽收。

【参赛选手】郑州旅游职业学院　朱慧英
【指导教师】郑州旅游职业学院　张嫒

六、感恩节

感恩节(Thanksgiving Day)是美国人民独创的一个古老节日,也是美国人阖家欢聚的节日。初时感恩节没有固定日期,由美国各州临时决定,直到美国独立后的1863年,林肯总统宣布感恩节为全国性节日。1941年,美国国会正式将每年11月第四个星期四定为"感恩节"。感恩节假期一般会从星期四持续到星期天。

感恩节这一天,人们按照习俗会前往教堂做感恩祈祷,城乡市镇到处举行化装游行、戏剧表演和体育比赛等,学校和商店也都按规定放假休息。孩子们还模仿当年印第安人的模样穿上离奇古怪的服装,画上脸谱或戴上面具到街上唱歌、吹喇叭。散居在他乡外地的家人们也会从天南海北归来，一家人团团圆圆，品尝美味的感恩节火鸡，也不会忘掉在这一天邀请好友、单身汉或远离家乡的人共度佳节。

感恩节的食品富有传统特色，火鸡是感恩节传统主菜，通常是把火鸡肚子里塞上各种调料和拌好的食品，然后整只烤熟后端出，由男主人用刀切成薄片分给大家。此外，感恩节的传统食品还有甜山芋、玉蜀黍、南瓜饼、红莓果酱等。

（一）感恩欢乐颂

【主题创意说明】

感恩节是美国人民独创的一个古老节日，也是美国人阖家欢聚的节日。相传移民时期，来自英格兰的清教徒在当地印第安人的帮助下，学会了种植玉米、狩猎、捕鱼等本领。在第二年欢庆丰收之时，他们邀请印第安人一起感谢上帝施恩，分享了丰收的美食。1941 年，美国国会正式将每年 11 月第四个星期四定为感恩节。

此次宴会以感恩节家庭聚会为背景，设计的"感恩欢乐颂"家庭聚餐以"大丰收"造型作为主景，用感恩节特有的南瓜、松果、大麦和枫叶组成感恩节的丰收场景，营造了浓郁的美式乡村气息。两只憨态可掬的火鸡仰望天空，火鸡的身子也做成南瓜的形状，更是贴合了感恩节的主题。红色的枫树叶和槲寄生红果片片点缀，衬托出一派秋日丰收果实沉甸甸的收获感，金光灿灿的麦穗饱满的颗粒闪烁着成熟的美感，而与中心装饰物相映衬的南瓜造型的餐巾扣更是将节日的气息装点得更加浓郁。

餐台陈设用材考究大方，餐具和造景用色与节日主题相呼应，完美契合当晚的主题氛围；考虑到现代人用餐的习惯和审美标准，餐台用具极其含蓄奢华，细节处透露出热烈的感恩节气息，处处贯穿着感恩节元素，彰显着主题；宴会所用感恩节南瓜烛台起到画龙点睛的作用，着力突出感恩节中浓郁的节日氛围；椅套选用与主色调相搭配的黄色，在金黄色的餐巾折花上运用槲寄生编成的感恩节特有的小花束做装饰，不仅在颜色上面呈现出更丰富的搭配，更是借用了美国传统感恩节的一个习俗，相传感恩节在槲寄生花环下祈祷就可以来年获得大丰收，希望每个餐位上的小花束可以给我们的客人带来一年的好运。餐具及装饰物配色使用丰收的色彩——黄、棕、橘三色，让人更充分地感受到感恩节气息的无处不在。

宴会的主色调为黄棕色，凸显出热烈、温暖、欢快的节日氛围。在黄色、棕色两色中加以明亮的橘色烛台和绚烂的插花装饰，更凸显出客人的高雅品位，让宾客充分体会到高端服务的细致入微和节日氛围的无处不在。

【参赛选手】南宁职业技术学院　洪瑞芬

【指导教师】南宁职业技术学院　何兰兰

（二）新生

【主题创意说明】

在本次西餐宴会台面设计中，将赭石色与淡黄色元素有机结合，在整体造型、细节设计中烘托出人们对自然的感恩之情和美好的祝愿。

主题装饰由盛满金秋果实的竹篮组成，多彩的浆果、金黄的落叶、鲜红的水果、金色的南瓜勾勒出硕果累累的丰收景象，将大自然对人类的馈赠完美地展现。我们用自然的礼品做装饰，庆祝丰收，感恩万物。

台布以赭石色为主色调，既象征绵延大地之广博，又表达丰收季节的喜庆。淡黄色的桌旗和餐巾与之相呼应，代表柔和的阳光铺洒大地，显现着温暖又透着金子般的色泽，画面和谐温馨。

【参赛选手】甘肃工业职业技术学院　张继鹏

【指导教师】甘肃工业职业技术学院　王作娟

（三）感恩节

【主题创意说明】

台面设计选用了暗红色为主色调，正是呼应了感恩节这个主题。我们选用带有暗红色几何图形的台布，使整体效果更有家人围坐、其乐融融的感觉；中心装饰物是由蔬果粮食以及鲜花组合而成，象征着丰收与富足；口布巾也选择了和桌面一致的感恩节流行色调，搭配白色餐盘、银色的刀叉，给人以美好与幸福的视觉享受。

让西方人每年的11月都可以陷入举国欢庆的感恩节，是每年11月的第四个星期四，这种欢庆的情绪甚至影响了大洋彼岸的中国。因为美好的正能量节日总是深入人心，希望这充满仪式感的节日能让我们在嘈杂的城市生活中感到些许慰藉。

【参赛选手】河南交通职业技术学院　杜银冰

【指导教师】河南交通职业技术学院　赵致萱

七、万圣节

万圣节是诸圣节的俗称，本是天主教等基督宗教的宗教节日，时间是 11 月 1 日。天主教把诸圣节定为弥撒日，每到这一天，除非有不可抗拒的理由，否则所有信徒都要到教堂参加弥撒，缅怀已逝并升入天国的所有圣人，特别是那些天主教历史上的著名圣人。

万圣节前夕，在每年的 10 月 31 日，是西方的传统节日。许多亚洲地区的人将万圣节前夕误称为万圣节。万圣节前夜源自古代凯尔特民族（Celtic）的新年节庆，此时也是祭祀亡魂的时刻，在避免恶灵干扰的同时，也以食物祭拜祖灵及善灵以祈平安度过严冬。前一天晚上（也就是万圣节前夜），小孩们会穿上化装服，戴上面具，挨家挨户收集糖果。

大多数家庭会在院子里摆上几棵南瓜或是如真人一般高的稻草人，并且在窗户上装饰小小的南瓜灯；夜幕降临后，孩子们便戴上千奇百怪的面具，或扮作骑魔帚的女巫，或戴上画有骷髅旗的帽子扮成海盗，手里提着一盏南瓜灯四处游荡，向邻居们索要糖果。在这一晚，大人们也可以尽其所能地作怪，而不会招致异样的眼光。

黑色和橙色是万圣夜的传统颜色。现代万圣夜的产品也大量使用紫色、绿色和红色。秋天的元素如南瓜和稻草人等，也成为万圣节的象征。

（一）万圣之夜

【主题创意说明】

万圣节在每年的 11 月 1 日，为西方传统节日。万圣节前夕，西方各国举国上下进行大型的游行庆祝，全民狂欢。万圣节中的一个环节就是，小孩装扮成各种恐怖样子，逐门逐户按响邻居的门铃，大叫："trick or treat"，主人家也会同样穿着恐怖服装，拿出一些糖果、巧克力或是小礼物。该西餐宴会台面设计以西方万圣节为背景，以万圣节中常见的骷髅、毒药、黑鸟等恐怖元素，营造出哥特式的万圣暗黑气氛。

设计元素解析：

此次台面设计以西餐万圣节宴会为背景，设计的"万圣之夜"台面以"惊魂万圣"造型为主景。装满了干枯稻草和人形骷髅头的玻璃罩上栖息着一只黑色的猫头鹰，猫头鹰是一种充满着恐怖气息的鸟儿，它警觉、突兀地立在那里，仿佛嗅到了万圣节恐怖的气息。贴满了毒药标签的棕色小药瓶凌乱地摆放着，孤寂的煤油灯散发出鬼一般寂寥的味道，与触目惊心的骷髅头相互映衬，营造出万圣节独有的暗黑冷调的恐怖色彩。

餐台陈设用材考究大方，餐具和造景用色与节日主题相呼应，完美契合当晚的主题氛围；考虑到现代人用餐的习惯和审美个性，餐台用具极具个性与奢华，细节处透露出暗黑的万圣节气息，处处贯穿着万圣元素，彰显着主题；宴会的餐具均呼应主题，装饰盘选择骨瓷材质，银色和黑色相间，是西方隆重的节日象征；三杯套采用菱形格纹装饰，光影闪动间给人营造一丝丝恐怖的气息；刀叉组合选用 pama 品牌三角棱式样，流线感造型搭配头像式装饰盘，更是正宗、大气。

宴会所用纯黑色口布上印有白色幽灵图案，营造黑暗气息的同时更为鲜明地呼应主题；与口布交相辉映的黑色椅套将整桌的气氛营造得更为神秘、暗黑；椅背上端展开翅膀的鬼魅骷髅窥视着一切，着力突出万圣节浓郁的恐怖节日氛围；餐具及装饰物配色使用传统万圣色——黑、白、红三色，让人更充分地感受到万圣节神秘、恐怖以及幽暗的气息。

【参赛选手】南宁职业技术学院　唐晓程
【指导教师】南宁职业技术学院　黎晓霞

（二）万圣节之夜

【主题创意说明】

以万圣节前夜的传统颜色——黑色和橙色，进行台面设计。以黑色台布奠定节日基调，配之以橙色和金色，营造出一种神秘的节日氛围，也极具视觉冲击力。

鬼怪、蝙蝠、南瓜灯和稻草人等万圣节的象征物点燃了设计的灵感，在中心装饰物的设计上采用了大量的节日元素，像是旋转的南瓜头、一群孩子们喜欢的万圣节鬼怪玩偶、手工做的南瓜灯以及一些有趣的糖果等，有效烘托了节日氛围。

餐具设计采用了黑白相间的骨瓷装饰盘、进口水晶杯具和刀叉，能让宾客享有一个愉悦的用餐氛围。

在餐巾折花设计上，主位的餐巾设计成一根魔法杖，副主位则是一只蝙蝠，而其他四个位置均为魔法书卷，在细微之处让客人感受到浓厚的万圣节氛围。

【参赛选手】广东机电职业技术学院　马佳纯
【指导教师】广东机电职业技术学院　李挺山

（三）万圣狂欢夜

【主题创意说明】

主题创意名称"万圣狂欢夜"。创作灵感来源于西方传统节日——万圣节。以万圣节为背景，整个台面中加入了众多节日元素，希望通过台面的设计让更多人了解万圣节，了解西方传统文化。

用浅金色作为台面的主色调用来烘托节日的秋季氛围；用橘黄色的口布，一方面橘黄色与金色属于同一色系，另一方面橘黄色能够与桌面上的南瓜颜色相呼应。

台布在设计时，充分考虑了万圣节的节日背景以及相关节日元素，在众多节日元素中选取了古堡、蝙蝠这两个代表性的元素，这两个元素可以再次凸显节日的神秘氛围。

台面选用了蛛网造型的烛台，黑色的烛台与桌布的黑色能够形成统一的整体，色彩较为协调；蛛网是万圣节的代表元素之一，它的加入能够提升整台桌面的神秘气息。

中间的主题装饰物是一个森林古堡缩影。由于万圣节有赞美秋天的寓意，所以从整体来看，采用麦穗、枯枝、南瓜等元素来营造丰收季节的氛围；同时，金黄色的主色调也能够与桌面上的金色相呼应。

整个台面设计中融入了剪纸艺术，为每个餐位用剪纸的形式以各类女巫造型设计了座位牌。这就为整个台面增加了一丝俏皮的感觉，也使整个台面具有神秘、奇特、立体的感官效果。

【参赛选手】安顺职业技术学院　谢芷芃

【指导教师】安顺职业技术学院　谢玲玲

（四）万圣节惊魂夜

【主题创意说明】

整个台面以黑色为主调，寓意沉寂的夜晚，象征了万圣节前夜的恐怖气氛。

餐台中一组头戴巫师帽、面目狰狞、形象各异的南瓜聚集在一起，展现了万圣节前夜的诡异氛围。旁边的枯树，枝藤似张牙舞爪的怪物手臂一般蔓延开来，与怪异南

瓜、复古烛台、蜘蛛、骷髅头共同构成一幅万圣节前夜的画面，形象地表达了节日的恐怖气氛。一骷髅手作为桌牌号，好似从餐桌底部伸出的魔鬼之手，惊恐而充满趣味。椅背攀爬的蜘蛛，仿佛准备发起进攻，与餐台中间的南瓜、怪树形成呼应，共同烘托出恐怖的氛围。

整个台面色彩统一，构图饱满，元素搭配完美，形象直观地表达了主题。台面整体感觉雅致洁净、搭配和谐、生机盎然。

【参赛选手】武汉职业技术学院　张静宇

【指导教师】武汉职业技术学院　肖黎

任务3　自创酒品

一、口味突出

鸡尾酒的神秘魅力源于其由两种或两种以上的酒水、饮料混合调制而成，不同的调酒原料会给鸡尾酒带来不同的味觉体验。鸡尾酒必须有卓越的口味，口味优于单体酒品。鸡尾酒应注重口味的平衡，口感应层次丰富，口味凸显创意主题，忌过酸、过甜、过苦或过香。

（一）翡冷翠

【主题创意说明】

本款鸡尾酒的灵感来源于徐志摩旅居意大利翡冷翠（又译：佛罗伦萨）时所作诗歌《翡冷翠的一夜》。该诗表达了一位幽怨娇嗔的女子对爱人错综复杂、变幻不定的炽热情愫。

作为一款意大利风格的开胃鸡尾酒，本作品一改以往同类鸡尾酒单一的酸甜口感，以伏特加作为基酒，奠定炽热强烈的基本格调。微甜的红味美思象征着爱情的甜蜜。金巴利和柠檬汁、蔓越莓汁的搭配，带来相思的痛苦与酸楚。丰富的味觉体验，更能充分刺激食欲，给您带来好胃口。

配方

皇冠伏特加 0.75oz；金巴利 0.5oz；马提尼红味美思 0.5oz

蔓越莓汁 2oz；柠檬汁 1oz

装饰物

菠萝叶；樱桃；鸡尾酒签

载杯：库博杯

调制方法

摇和法

①使用摇和法，在摇壶中依次加入冰块、伏特加、金巴利、红味美思、蔓越莓汁和柠檬汁；

项目五 展示

②将以上原料摇匀，将摇匀后的酒液倒入经过冰杯的库博杯中；

③装上由樱桃、菠萝叶和鸡尾酒签制作而成的装饰物。

【参赛选手】南京旅游职业学院　孟凡翔

【指导教师】徐斌

（二）情定爱琴海

【主题创意说明】

如果你爱她，就带她去圣托里尼，在湛蓝的爱琴海边坐下，什么都不说，什么都不想，闭上眼睛，仿佛海里那两道延伸的航线，一个是你，一个是她，用手搭成心形，追寻着爱情。

优雅的鸡尾酒杯，耸立在淡色的船形玻璃盘中，驶向那片海。一对可爱的小海豚，在海面上飞跃，追逐戏耍，充满欢乐与幸福。

蓝色的海，壮观、美丽、深远。色泽纯净的哥顿金酒，口感醇美爽适，散发着杜松子的气息，令人迷恋。马天尼干威末特有的花香和鲜烈的辛辣味刺激食欲大开。蓝橙力娇酒的深邃蓝色，散发着清新的柑橘香味及口感。而酒杯里散发的菠萝果汁甜味犹如爱琴海的微风细语，让人心旷神怡。微酸爽口的青柠汁，品之清爽，犹如初恋的感觉。

你和她，一红一绿，紧紧相依相偎，任凭疾风暴雨，屹立不倒，因为有爱的力量！

爱琴海，流淌着一湾情思，因为有爱的存在！

爱，原来就是一杯开胃酒！

配方

基酒：哥顿金酒 30ml

辅料： 马天尼干威末酒 24ml；波士蓝橙力娇酒 24ml
菠萝汁 10ml；青柠汁 10ml

载杯： 鸡尾酒杯

装饰： 浅蓝色玻璃盘；一对海豚；红绿樱桃；水果签

技法： 摇和法

口感： 甘、香、微辣开胃

制作

① 鸡尾酒杯冰杯。

② 将马天尼、蓝橙酒、菠萝汁、青柠汁、金酒分别按配方量入雪克杯中，加入冰块摇和。

③ 将鸡尾酒杯中的冰块倒掉。将摇和好的酒液倒入，用水果签叉取红绿樱桃斜置杯中即可。

【参赛选手】无锡商业职业技术学院　李旋旋

【指导教师】苗淑萍

（三）长相思

我们用长相思葡萄酒和金巴利调出这款酸中带些苦味的开胃酒，是献给母亲的礼物，致敬、感恩她多年含辛茹苦养育了我们！

【主题创意说明】

每一个人心中都有一方天地，在这方天地里，装着的全是母亲。

每一位母亲心中都有一份念想，在这份念想中，满满的都是孩子。

每一个孩子心中都有一缕牵挂，牵挂的那头，是母亲。

我想每一位母亲都在万千的艰辛与苦涩中抚育孩子，胜过这酒中酸苦的千万倍，

我想每一位母亲都慈祥和温婉贤惠得像花一样温馨迷人，

我想每一个人都对自己的母亲有一份说不完、道不清的"长相思"，

我常想起："小时候，乡愁是一枚小小的船票，我在这头，母亲在那头。"

配方

玫瑰花茶 1oz；长相思葡萄酒 1.5oz；金巴利 0.25oz；自制糖浆 0.5oz

载杯：雪莉杯

装饰物：玫瑰

调制方法：摇和法

【参赛选手】湖南网络工程职业学院　曾亮

【指导教师】刘冬华

（四）黄鹂

【主题创意说明】

这款酒名叫"黄鹂"，酒名灵感来源于唐代大诗人杜甫的佳句"两个黄鹂鸣翠柳"。酒液的黄色明亮、纯净，如同春日的阳光照过翠柳的轻烟，给人以舒适和惬意。闭上眼睛，细嗅酒杯中散发的阵阵幽香，宛如黄鹂婉转清丽的歌声伴着春天的轻风拂上面容，吹入心房。轻啜一口，鲜榨青柠的酸爽清新、灰雁伏特加的浓郁细腻、百果香的香甜热情、苦精的香苦宜人在加冰摇和后完美融合，又层层叠叠地在味蕾上铺开，酸爽缓缓绽放，余味清苦甘香，令人口齿生津，胃口大开，是一款非常适合餐前饮用的

开胃鸡尾酒!

装饰说明

鸡尾酒杯晶莹剔透,杯沿用青柠片和柠檬条做装饰,既似柳树枝条风中飘舞,又似黄鹂的尾尖,用兰蔻菊组成一片花红柳绿、生机勃勃的春景,其间一对脉脉依偎的黄鹂轻盼私语,好像在新绿的柳条间迎接着春天,明亮的镜子如同光洁的水面,倒映着这幅美景——"两个黄鹂鸣翠柳"的中国诗词意境!

配方

灰雁伏特加 1/2;鲜榨青柠汁 1/4;自制百香果汁 1/4;苦精 2 滴

载杯: 鸡尾酒杯

装饰物: 柠檬;红樱桃

调制方法

①将鲜榨青柠汁、自制百香果汁、灰雁伏特加和苦精按配方依次加入放冰的雪克壶。

②摇和后滤冰倒入冰冻过的鸡尾酒杯。

③削取一片柠檬皮,并将柠檬皮油挤入酒中。

④用柠檬和红樱桃做杯口装饰。

【参赛选手】太原旅游职业学院　阴棠棠

【指导教师】成玮

(五)天空之城

【主题创意说明】

此款鸡尾酒以梨子口味的伏特加作为基酒,配以糖浆、柠檬汁,口感清新,味道甜美,用渐变的颜色表达出对梦想的执着与追求,迷宫形的杯垫象征着生活中的迷惘与牵绊,红色、紫色代表着物质生活的诱惑,蓝色犹如纯净的天空,梯子的装饰物寓意抛开诱惑、守住初心,通向成功的阶梯,登上梦想中的"天空之城"。

配方

梨子味绝对伏特加 30ml;莫林蓝柑糖浆 10ml;莫林西柚糖浆 5ml

柠檬汁 15ml

载杯:鸡尾酒杯

装饰物:菠萝或凤梨

调制方法:摇和法、兑和法

【参赛选手】河北旅游职业学院　郭东晓

【指导教师】王伟

(六)青涩

【主题创意说明】

关于青春的记忆,永远都充满着纯粹、懵懂、活力与淡淡的忧愁。

本款鸡尾酒作为一款开胃鸡尾酒,以青绿色为主要色彩,象征着青年蓬勃的朝气。同时以柠檬味伏特加为基酒,奠定热烈与活泼的基本格调。而蜜桃利口酒、马提尼干味美思、菠萝汁和青柠汁的组合,为您带来清新、微甜与酸爽的口感,在增进您食欲的同时,也让您感受到成长路上的美好与忧愁,唤醒您关于青春韶华的回忆。

配方

绝对牌柠檬味伏特加 0.75oz；蜜桃利口酒 0.5oz；马提尼干味美思 1oz

菠萝汁 1.5oz；青柠汁 0.5oz

装饰物

青柠片；百里香；樱桃；鸡尾酒签

载杯：库博杯

调制方法

摇和法

①将冰块、柠檬味伏特加、蜜桃利口酒、马提尼干味美思、菠萝汁和青柠汁依次加入调酒壶中。

②将以上原料在调酒壶中摇匀，将摇匀后的酒液倒入冰过杯的库博杯中。

③用青柠片、百里香、樱桃和鸡尾酒签做成的装饰物进行装饰。

【参赛选手】南京旅游职业学院　邱振超

【指导教师】徐斌

（七）碧波拓进

【主题创意说明】

"碧波拓进"是一款餐前开胃鸡尾酒，是以海洋之"蓝"为主色调，辅以香橙和樱桃装饰，既清新自然，又展现出海纳百川、兼收并蓄的胸怀。

此款鸡尾酒专为充满希望与梦想的酒店职业人而调制，举起这杯鸡尾酒，闻一丝香橙,是"不忘初心"的清新;看一杯蔚蓝,是"砥砺前行"的勇气。

配方

金酒 0.5oz;马天尼干威末酒 1/3oz;蓝柑糖浆 1/3oz;青柠檬汁 2oz

载杯: 香槟杯

装饰物: 香橙;樱桃;花伞

调制方法

将金酒、马天尼干威末酒、蓝柑糖浆、青柠檬汁倒入雪克壶,用摇和法调制。

【参赛选手】青岛酒店管理职业技术学院　孙雪兵

【指导教师】程彬

(八)胭脂

【主题创意说明】

胭脂,取名于此款鸡尾酒的颜色,胭脂色,似桃红。色泽鲜艳,美轮美奂,如美人面庞。以龙舌兰为基酒,配以鲜艳红龙果果汁及水果力娇酒,酸甜开胃且具有水果芳香,有增进食欲的作用。

配方

龙舌兰酒;红龙果果汁;百香果;黑加仑;柠檬汁

载杯: 果汁杯

装饰物：食用金箔；干花；白光杯垫

【参赛选手】天津海运职业学院　康赵健

【指导教师】张红升

（九）安纳西湖

【主题创意说明】

鸡尾酒"安纳西湖"，主体色调如碧蓝般耀眼。酒似明亮如镜的湖水，微风吹拂蔚蓝色的湖面，汤力水的气泡如湖面荡起的涟漪，神山屹立湖畔，湖面与天空浑然一体……

青柠汁的清爽与茴香酒相融合，有刺激食欲的效果。美景搭配美酒，是带您前往美丽法式料理世界的魔法入口。今晚想必令人难忘。

配方

金酒 45ml；薄荷酒 5ml；蓝柑橘糖浆 5ml；青柠汁 10ml

潘诺茴香酒 2 滴；汤力水适量

载杯：香槟杯

装饰物：蓝莓；薄荷叶

调制方法

①在调酒壶内加入冰块，将金酒、薄荷酒、蓝柑橘糖浆、青柠汁、潘诺茴香酒依次倒入，充分摇匀，将混合酒液倒入冰冻的香槟杯中。

②倒入适量汤力水。

③以蓝莓和薄荷叶作为装饰。

【参赛选手】南宁职业技术学院　唐晓程

【指导教师】黎晓霞

（十）香橙三重奏

【主题创意说明】

香槟以及起泡酒一直以其明丽的色泽，醇正清雅、优美和谐的果香，清新、愉快、爽怡的口感而风靡全世界，不仅适合特殊场合的庆祝，更适合做正餐前的开胃饮品。香槟以及起泡酒的流行也使得以起泡酒为基酒的鸡尾酒应运而生，这些鸡尾酒大多用起泡酒和果味利口酒、新鲜果汁或者果酱兑和而成，不仅制作方法简单，而且颜色艳丽时尚，在口感上也大多保留了起泡酒的清新、愉快。

创作的这款开胃鸡尾酒也秉承了香槟鸡尾酒制作简单、口感清新的特点，所不同的是摒弃了鸡尾酒只能用来喝而导致的口感层次上的缺失。烘制过的干橙肉、香橙糖油和跳跳糖作为装饰物，而不仅仅是装饰物，更作为酒的一部分，给鸡尾酒带来丰富的层次和独特的味觉体验。香橙利口酒、香橙苦艾酒、干橙片加香橙糖油非常优雅地展示了同一种味道的不同状态，再加上起泡酒的细腻悠长和跳跳糖的调皮，整款鸡尾酒跳跃而不浮华，多变而不失优雅。作为母亲节晚宴的前奏，一定是一个不错的开始！

配方

Aperol（香橙利口酒）1份；Sparking wine（起泡酒）3份；Orange bitters（香橙苦

艾酒）3 滴

制作方法：兑和法

装饰：烘制鲜橙肉；香橙糖油；跳跳糖

载杯：香槟杯

建议饮用方法：先饮用一口鸡尾酒，再用烘制鲜橙肉蘸取香橙糖油和跳跳糖一起食用，口感更加丰富、饱满。

【参赛选手】上海旅游高等专科学校　李爽

【指导教师】王慎军

二、主题独特

鸡尾酒创作的主题立意是多方位、多层次的，既可以源于一件事、一个人，也可以源于一景一物，触景生情，因事抒意。独特的主题需要充分发挥联想力，找寻好的立意，酒水选料与主题吻合，口感丰富，色泽优美，装饰物的设计与主题相互呼应，主题设计不牵强附会。

（一）醉霓裳

【主题创意说明】

这款鸡尾酒颜色典雅，具有中国水墨特色的朦胧美，口感柔和兼有西柚的清爽、荔枝和薄荷的芬芳。

创作灵感来源于我国唐代的经典乐舞"霓裳羽衣舞"，其舞、其乐、其服饰都着力描绘虚无缥缈的仙境和舞姿婆娑的仙女形象。该乐舞传说是唐玄宗李隆基所作，由他宠爱的贵妃杨玉环表演。原舞已失传，现今的表演是根据文字记载和诗歌描写再创作的，充满了古典的朦胧美，给人以美的艺术享受。结合此款鸡尾酒，我还创作了一首小诗：

醉霓裳

青蓝美酒梦回唐，醉酒贵妃舞霓裳。
万里丝路长安始，开元盛世墨飞香。

古城西安是唐朝国都，又是丝绸之路的起始点，希望您在品饮这杯美酒的同时，能够对纸墨飞香的古城长安充满向往。

配方

深蓝伏特加 1oz；荔枝甜酒 1/3oz；西柚汁 top up；蓝橙酒 1/2oz

杯饰：薄荷叶

载杯：郁金香型香槟杯

装饰物品：折扇

调制方法：兑和法及搅和法

【参赛选手】陕西工商职业学院　杨廷岚

【指导教师】刘晓花

（二）美人蜜

【主题创意说明】

本款酒选用"酒中美人"味美思作为基酒，用"花中美人"玫瑰糖浆、"果中美人"橙汁进行搭配，还独具匠心地用了"茶中美人"乌龙茶进行提味，最后将调制好的鸡尾酒装进了独特的"器中美人"瓷器高脚杯中，并用玫瑰花瓣和柠檬片进行装饰。

白色的瓷器衬托出棕色的液体,玫瑰的芬芳慢慢飘洒,初入口有一股甜,回味一开始有点酸,然后又会有点苦,像一位极致的美人静静地在等待您的靠近和了解,让您从视觉、味觉、嗅觉上都有最完美的体验。

配方

金巴利 30ml;甜味美思 20ml;玫瑰糖浆 15ml;橙汁 15ml;乌龙茶 30ml

制作方法

金巴利、甜味美思、玫瑰糖浆、橙汁加冰摇匀后滤入酒杯中,加乌龙茶,撒上干玫瑰花、干柠檬片进行装饰。

【参赛选手】海南经贸职业技术学院　樊效萍

【指导教师】杨卿

(三)炙热如芒

【主题创意说明】

我们知道,开胃的意思是帮助消化和增进食欲,作为一款开胃鸡尾酒需要做到的就是——帮助你在餐前将食欲打开,为了做到这点,适当的苦味和酸味必不可少。我的鸡尾酒创作灵感来源于经典年代的鸡尾酒配方,经典年代的特征是酒里的各种口感达到极致的平衡。为此我选用黑刺李金酒作为基酒,并配以伦敦干金酒与之相互呼应,它们之间的搭配不仅提供了开胃鸡尾酒应有的酸度,还能给予一定的酒精感觉。之后加入极少量的菲奈特·布兰卡比特酒(这是一款对健康非常有好处的草药类的开胃酒),同时加入阿佩罗让整个鸡尾酒的甜苦平衡,这两款酒为鸡尾酒带来恰如其分的苦与甜。最后使用紫罗兰力娇香提升酒的味道与口感。加入配料后,为了使酒呈现出柔和的口感,所以,在调酒方法上选用搅和法,并以樱桃装饰。

在品尝这款酒时，黑刺李的酸甜感与杜松子味就会在舌尖上瞬间释放，刹那间味蕾打开，脑海中仿佛浮现出19世纪的意大利私人庄园的夏日，手持一杯美国佬鸡尾酒，看着老式放映机慢慢放映的黑白电影，而阿佩罗跟菲奈特·布兰卡比特提供的爽快的苦感，会一直萦绕在你的味蕾上。在这款鸡尾酒的余韵里，紫罗兰力娇带来优雅的花香，让自己仿佛置身于满植紫罗兰的庄园中，与朋友们在晚饭前举杯畅饮。希望这一款健康的充满匠人之心的开胃鸡尾酒能让各位评委老师、前辈喜欢。

配方

黑刺李金酒 30ml；干金酒 25ml；菲奈特·布兰卡比特 5ml；紫罗兰力娇酒 15ml；阿佩罗 10ml

载杯：葡萄酒杯

装饰物：樱桃

调酒方法：搅和法

【参赛选手】广东机电职业技术学院　马佳纯

【指导教师】李挺山

（四）黄蕊馨香

【主题创意说明】

本品名为黄蕊馨香。初见花间蕊，那衔在杯口的清纯的康乃馨，恬静高雅，漫溢的清香，让心情变得宁静而舒畅。观其色泽，淡黄典雅，清冽可见，令人垂涎欲滴；执杯摇曳，白冰舞动，带起些许黄蕊馨香；近闻其味，酒香溢，沁心脾，悸动久久不能释怀；细品其香，若隐若现地夹带着酸甜的酒汁，不仅令齿颊生香，而且令人神清气爽。

杯中的伏特加甘洌而不失黄柠的酸爽，慢慢萦绕在味蕾之间；马天尼那醇厚的味道中带着些许苦艾的清新，温润的感觉顺着舌根滑落到心扉；加利安奴的天然草本中有着沁人心脾的茴香，加之百香果流动着的淡淡的香意，漫过咽喉，沁入肺腑，让人心旷神怡；最后加入自制的芬芳回甘的陈皮鸡蛋酒，怡人的气味可行气宽中、醒胃暖身，既中和了酒的清洌，又香郁扑鼻，在舌尖牵绕着，让人迷恋。此刻让人心驰神往，自在奔放。

配方

绝对伏特加（柠檬味）1/3oz；马天尼干威末酒 1oz

加利安奴草本力娇酒 1/2oz；陈皮鸡蛋酒（自制）1/2oz

莫林百香果风味糖浆 1/4oz

调制方法：摇和法

载杯：香槟杯

装饰物：康乃馨

【参赛选手】珠海城市职业技术学院　马玫妍

【指导教师】王楠楠

（五）午夜色调

【主题创意说明】

本款鸡尾酒的创意灵感来自于万圣节的神秘气氛。此酒以特基拉为基酒，添加菲诺雪莉酒、金巴利、椰浆利口酒、比特储斯桔味苦味酒摇和而成。五款口味鲜明的酒搭配，给此酒带来了苦中微甜的丰富口感。粉红色的酒体凸显出神秘而快乐的午夜时光。此酒口感丰富平衡、香味协调、刺激食欲，适合餐前饮用，相信会给客人带来一份欢乐愉悦刺激的心境。

配方

特基拉 1oz；菲诺雪莉酒 0.3oz；金巴利 0.3oz

椰浆利口酒 0.8oz；比特储斯橘味苦味酒 2~3 滴

载杯：马天尼杯

装饰物：柠檬片

调制方法

①使用摇和法，在摇壶中依次加入特基拉、菲诺雪莉酒、金巴利、椰浆利口酒和比特储斯橘味苦味酒；

②将以上原料摇匀，将摇匀后的酒液倒入经过冰杯的马天尼杯中；

③装饰上由柠檬片制作而成的装饰物。

【参赛选手】郑州旅游职业学院　曹振东

【指导教师】钱丽娟

（六）长安·夜

【主题创意说明】

作为一个陕西人，大唐盛世一直是我们的骄傲，古长安的风景总在我脑海徘徊，长安文化一直深深地吸引着我，在追寻理想的同时我也在寻找那个曾经文明辉煌的长安。

一天晚上站在古城墙上，望着城墙内外灯火璀璨的繁华夜景，遥想千年以前的长安之夜，应该也是如此辉煌璀璨，因此我创作了这款酒。

黑色的扇面及托盘代表夜色，金色的钟楼、长安以及渐次变化的酒色勾勒出我梦中的长安夜景。

配方

金巴利 1.5oz；杏仁方津 0.75oz；柑曼怡 0.5oz

接骨木糖浆适量；苏打水适量

载杯：海波杯

调制方法：兑和法

装饰：折扇、托盘

【参赛选手】杨凌职业技术学院　赵思思

【指导教师】赵辉

（七）妈妈的眼泪是微笑

【主题创意说明】

母亲是世界上最伟大的人，从孩子十月怀胎，到一声问世的啼哭；从成长的陪伴，到长大后离别的无奈，一路都是母亲的眼泪——欣喜的眼泪，委屈的眼泪，骄傲的眼泪、叮嘱的眼泪。母亲的眼泪是酸涩的，在酒中用柠檬的酸来体现。当母亲看着孩子长大成才后，所有的泪水瞬间都化成甜蜜的微笑。在酒中用"玫瑰花糖浆"的味道，来表达这种甜蜜的心情。为了表达对母亲这种"不求回报的付出"的感激之情，在调制中还加入微量的"接骨木花糖浆"，因为"接骨木花"的花语就是"不求回报的付出精神",并且这种糖浆还有柠檬汁的味道。

这款酒共用了调和法和摇和法两种调制方法制作而成。以碟型香槟杯为载杯,用代表"感谢、感恩"的康乃馨做装饰。

这款鸡尾酒的味道是轻轻的酸与淡淡的甜,最后用桑葚点缀,希望母亲不再流泪,永远能露出幸福的微笑,过着美满的生活。

配方

LILIEFT(利莱)开胃酒 1oz;接骨木花糖浆 0.5oz;玫瑰糖浆 0.5oz

白兰地 0.5oz;橙汁 1oz;柠檬汁 1.5oz;桑葚 2 个

装饰物:康乃馨

点缀:桑葚

载杯:碟形香槟杯

【参赛选手】黔东南民族职业技术学院　王丽英

【指导教师】訾梅燕

三、材料创新

鸡尾酒的种类、款式虽然繁多,调制方法各异,但任何一款鸡尾酒的基本结构都有共同之处,即由基酒、辅料和装饰物三部分组成。辅料的创新是自创鸡尾酒呈现万千变化的基础,应根据主题创意来选择辅料,恰当的辅料会让自创鸡尾酒在色、香、味等方面有质的飞跃;反之则有可能画蛇添足,降低酒的品质。

(一)清欢

【主题创意说明】

千年前,苏东坡在经历人生几度起伏之后写下"人间有味是清欢",所有含蓄婉转、深沉内敛的事务，都是为了更好地沉淀。

此酒采用紫苏调香、青梅入味，紫苏性味平温、润肺止咳，青梅酸甜适度、生津止渴、开胃解郁，再辅以梅子苦精、姜片与喜马拉雅玫瑰盐抹杯边，酸甜涩咸以及香味入口时在口腔中碰撞，饮毕会留下丰富却含蓄内敛的后味，就像人生的跌宕起伏、兜兜转转。

饮一杯"清欢"，洗尽铅华！

配方

梅子利口酒 40ml；摩根船长朗姆酒 15ml；原味糖浆 10ml

柠檬汁 15ml；梅子苦精 3~4 滴；紫苏 8g

【参赛选手】长沙商贸旅游职业技术学院　丁苏莉

【指导教师】杨名

（二）背影

【主题创意说明】

创作这杯鸡尾酒的灵感来自于朱自清先生《背影》一文，父亲的浓浓爱意融化在朦胧的背影中，在晶莹的泪光中父亲的形象温暖、包容。"司岗里"意为人类历史的源头，选择司岗里木瓜发酵酒作为基酒就是隐喻为一种亲情的传承，木瓜的清香、干酒的酸涩就像父爱的存在形式，令人回味无穷。玫瑰老卤则塑造了父亲那质朴、直接的父爱表达方式，莲心水的味道则更像我们体会的父爱，入口苦但回味甘甜；杏仁利口酒则是父爱的表达方式，独特的香味、独特的温暖；用橄榄点题，寓意坚强和爱。作为开胃酒，这杯鸡尾酒主要的味道呈现为酸、涩、苦味。细品之下，该酒口感浓厚，木瓜的清香和酸涩、杏仁独特的香气融合淡淡的玫瑰味，醇厚深沉。

创作这杯鸡尾酒是希望在父亲节这个特殊的日子里，我们应细细品味父爱的隐忍和温暖，感谢在我们成长的日子里，父亲所给予我们的爱和他们独特的表达方式。

配方

司岗里木瓜酒 1oz；玫瑰老卤 0.5oz；杏仁利口酒 0.5oz

莲心水 0.5oz

载杯：马天尼杯

装饰物：橄榄

使用器具：量酒器、摇酒壶

制作方法：摇和法、兑和法

【参赛选手】云南林业职业技术学院　刘瀚洲

【指导教师】王丽娟

（三）红美人

【主题创意说明】

土楼红美人，年轻的面庞红润娇艳，体态丰盈而美丽。土楼红美人，年迈地为梦想而生活，因不变的爱而美丽。无疑，她们是当之无愧的当红美人。品酌，清香在口，旋律在耳，一时情感如春水在胸怀涌动。倾诉着萦绕在心头的回忆，我要用美酒赞美土楼红美人，祝福土楼红美人。

首先，创作鸡尾酒时，基酒的选择是至关重要的，基酒决定鸡尾酒的酒味。所以我们组选用可塑性高的金酒来作为基酒，口感醇美爽适，而这也是来源于红美人的悠长韵味。

其次，辅酒的确定更有点睛之妙，同时也为了更加贴近主题设计，在口味和颜色的选择上也十分慎重。选用味美思、树莓起泡酒为辅酒，所呈现的芳香与回味代表女性的大方、艳丽与神秘之感，甚有胭脂之美。青柠汁与红茶的组合，使得清新中微酸的口感更爽口，符合女性雅致的气质。远观而立的玫瑰红色鸡尾酒，如同远在天边又近在眼前的披着红色薄纱的美人。选用的装饰物是屹立在杯脚的一朵红玫瑰，与"红美人"开胃鸡尾酒相得益彰。整体看上去，给人的感觉虽简约但不失美感，更加突出主题和这款鸡尾酒背后的故事。

配方

金酒 1oz；味美思 2oz；树莓起泡酒 2oz；青柠汁 1/2oz；红茶

装饰物：玫瑰

载杯：特饮杯

调制方法：摇和法

【参赛选手】漳州职业技术学院　黄嘉娜

【指导教师】邢宁宁

（四）蝶

【主题创意说明】

本酒名为"蝶"，酒精度适中，酒液呈现高贵清透的蓝紫色调，轻缀一枚飘浮的黄花，仿佛树丛中飞跃的蝴蝶般翩然灵动。清新柠檬与草本植物相结合，能给人一种心旷神怡的感觉，特别适合夏季餐前开胃饮用。这款创意酒是作者随家人赴云南旅行时，在一片蝴蝶园中有所感悟，创意而成。

为得到这无法效仿的高贵蓝紫色调，调酒师并未直接加入紫罗兰力娇酒调制，而是选取用采自云南的蓝蝴蝶豆浸泡的伏特加为基酒，再先后加入同样具有开胃作用的干味美思、利莱酒和青柠汁，让饮酒者可以亲眼见证酒体颜色在调酒师的手中如化学反应般几经变幻，最终定色于高贵脱俗的梦幻蓝紫，就像蝴蝶的一生，几经蜕变，极具创新。

这神奇莫测的变色过程，正是由于蝴蝶豆中富含花青素，与柠檬酸等酸性液体接触后发生变色反应所致，神奇且对人体无任何毒害。蝴蝶豆花本身具有丰富的维生素A、C和E，有助提高免疫力、促进皮肤弹性，同时还具有补脑、养胃、缓解压力的天然保健功效。它与柠檬酸结合后，更有助于保健心脏、清热解暑。酒液入口味酸，干苦中有微甜，开胃怡情，令人食欲大增。载杯内以黄色三色堇装饰，清雅中不失可爱。

由于蝴蝶豆的变色能力如蝴蝶一般脆弱，易受温度、湿度和调制速度影响，设计过程几经失败，但调酒师并未放弃，最终通过自己的研究和努力，完成问世。希望通过《蝶》的设计制作，赞美蝴蝶破茧成蝶的蜕变历程，同时展现出新生代调酒师为梦想而钻研奋斗的匠人情怀。

配方

蝴蝶豆浸过的伏特加 1oz；干味美思 0.5oz；利莱酒 0.5oz

青柠汁 0.5oz；蓝橙酒 0.5oz

装饰物：黄色三色堇花

载杯：异形鸡尾酒杯

制作方法：调和法

制作步骤

①载杯加冰块进行冰镇；

②将蝴蝶豆浸过的伏特加、干味美思、利莱酒、青柠汁、蓝橙酒依次倒入调酒杯中，加冰后用吧勺快速搅匀；

③倒出载杯中的冰块，用滤冰器将酒液滤入；

④黄色三色堇花做装饰，将载杯放入青花瓷托盘。

【参赛选手】天津青年职业学院　张陈白璐

【指导教师】王楠

(五)拾忆

【主题创意说明】

"拾忆"的创作是基于对东方饮食文化和西方开胃酒文化的研究,使其相互融合后所得出的一款新型鸡尾酒。很多国家都有在餐前吃些开胃小菜的习惯,这些小菜酸甜爽口,有一个共同点就是都使用了醋,这款创新鸡尾酒就是以自制桑葚醋为核心风味制成的。

桑葚软润多汁,酸甜适口,在中国南北都有广泛种植,《本草纲目》记载其具有生津润燥、利尿消暑、刺激肠蠕动的功效,是夏季的保健水果。食醋是由蒸馏过的酒发酵制成,它有一种特殊而强烈的酸味和冲鼻味,能迅速刺激人的唾液分泌,激发食欲,然而纯醋太强的酸性会使得酒体口感过于刺激,果醋中的果汁和糖分恰能中和其酸性,并赋予其更具个性的风味。

小时候的夏天,学校门口的小卖部会售卖一种自制的桑葚醋兑冰水的饮料,放学后和几个小伙伴边喝边走回家,那酸酸甜甜的,就是我童年夏天的味道。所以我用桑葚醋来制作这款鸡尾酒,既是看中它的口味和功效,也是对我童年生活的怀念。

"拾忆"以桑葚醋为主角,配上鲜榨的青瓜汁、洛神花糖浆、金巴利力娇酒和白朗姆酒,做到酸、甜、苦、烈的平衡。青瓜赋予了酒体清爽的气息,与甜醋的搭配使之更接近南方开胃小菜的风味,特别适合即将到来的炎炎夏日。洛神花糖浆可调节酒体的颜色和酸度。加入金巴利,旨在丰富鸡尾酒的层次,为整杯酒增添来自意大利的草本气息,同时也带来了苦的平衡,而苦味能回甘生津,是开胃的元素之一。基酒白朗姆能激发青瓜的天然香气,又赋予了"拾忆"酒精的烈性。

"拾忆"的酒材平价大众,自制的桑葚醋和洛神花糖浆也易做耐放,很具有推广性。原材料成本约10元,根据营业场所的不同,推荐售价在48至88元之间。

配方

自制桑葚醋 25ml；青瓜汁 30ml；洛神花糖浆 5ml；
金巴利力娇酒 10ml；百加得白朗姆酒 40ml

【参赛选手】广州工程技术职业学院　邱祥君

【指导教师】傅云雁

四、装饰创新

装饰物、杯饰等是鸡尾酒的重要组成部分。装饰物的巧妙运用，可有画龙点睛般的效果，使一杯平淡单调的鸡尾酒旋即鲜活生动起来，充满着生活的情趣和艺术的魅力。装饰物的选择要与主题契合，有观赏性，但应注意大小适当，不可喧宾夺主，华而不实。

（一）假面

【主题创意说明】

当我们戴着面具，远离爱情，是否也会偶然心酸地想起，却拒绝一个慰藉；终于，云淡风轻的回忆，却拒绝一个庆祝；其实，是自己根本不想忘记，却拒绝一个提醒。

金酒和金巴利的组合，简单，口感却是足够复杂；金酒的醇和烈、金巴利的苦和香、柠檬和橙的酸涩，意外地融入橙花蜜的甘甜，恰如其分地保持着平衡，一切都刚刚好。这款酒，看起来口味香甜，实际上甘洌，犹如爱情，口是心非，冷暖自知。

配方

金酒 2/3 oz；金巴利 1/3 oz；柠檬汁 1/3 oz

橙汁 1 oz；橙花蜜 1/2 吧匙

【参赛选手】湖南工程职业技术学院　朱颖

【指导教师】石洋

（二）三生三世十里桃花

【主题创意说明】

"三生三世十里桃花"鸡尾酒的创作灵感来自于电视剧《三生三世十里桃花》。该剧根据唐七公子同名小说改编，讲述了青丘帝姬白浅和九重天太子夜华经历三段爱恨纠葛终成眷属的绝美仙恋故事。十里桃花实际指的是十里桃花林，是白浅（剧中女主角）第一次以"神女"的身份遇见夜华（剧中男主角）的地方。

围绕着"三生三世十里桃花"这个主题，鸡尾酒整体颜色以桃色为主题，采用摇和法和兑和法（分层法）相结合的方式将鸡尾酒分为三层，寓意三生三世；三层酒中，虽然每一层颜色深浅不一，但是不变的是桃色，寓意三生三世都不变的爱；装饰物心形桃片（没有桃子时可以用其他水果代替）寓意对恋人永远不变的心，桃花枝（没有桃花枝时也可以用其他桃色花枝代替）让人仿佛置身于十里桃林；搅拌后的酒液仍呈桃色，寓意恋人初识的浪漫情境。

桃花灼灼、枝叶蓁蓁，十里桃林三世情缘，皆缘起一杯"三生三世十里桃花"桃花鸡尾酒。"三生三世十里桃花"口味丰富，既有西柚和桃子的果香味，又有金酒野生杜松和芫荽的草香味，还有金巴利苦柑、茴香、龙胆草根等的药香味，入口偏苦，余韵无穷，是一款以女性为主要消费人群的开胃鸡尾酒，适合女性在餐前饮用，有着爱情萌芽的美好寓意。

配方

西柚汁 2oz；红石榴糖浆 1/12oz（第一层用）

金酒 1oz；桃花醉酒 1/6oz；金巴利 1/6oz

红石榴糖浆 1/12oz（第三层用）

方法：摇和法和兑和法

装饰物：心形桃片穿桃花枝（没有桃子和桃花枝时可以用其他水果和其他桃色花枝代替）

载杯：倒三角形特饮杯

调制程序

①将西柚汁直接倒入倒三角形特饮杯中，从杯子正中快速淋入红石榴糖浆；

②将金酒、桃花醉酒、金巴利、红石榴糖浆和适量冰块倒入摇酒壶用力摇匀；

③在装有西柚汁和红石榴糖浆的倒三角形特饮杯中加入冰块 8 分满，将摇好的酒兑入杯中至 8 分满；

④放入搅拌棒和吸管，用心形桃片穿桃花枝。

【参赛选手】沈阳职业技术学院　赵颖

【指导教师】宋园园

（三）家园

自然恩赐　带你回归

【主题创意说明】

无论是远处的丛林，还是近处的山谷；无论是爱琴海的风，还是雅鲁藏布江的水；无论是多瑙河的哺育，还是稻花香的传承……千百年来，自然恩赐了我们，大地孕育了我们，一方水土养育一方人，一份情感汇集成一个共同的家园。

主题情境以传统的中式庭院风格为主调，配以辘轳、水井、水桶、水缸、谷物等元素，勾勒出典型的传统的生活场景；同时，也展示了"酒"在酿造过程中的重要材料——谷物和水。在这一点上，中西方文化是有共同之处的，只是在西式的酿造工艺里多了些来自于花朵、根茎等植物的辅助。中国有句俗话："酒是粮食精"，这种来自于植物、来自于自然的恩赐，不由得让我们品味出那种回归自然的欣赏。

当下，恰逢我国举行"一带一路"高峰论坛。我们欢迎来自于各方的客人，在这样一个完全中式的氛围里，用纯正的配方来调制出家乡的味道，品味生活，回归家园……

配方

基酒：特基拉 3/4oz

辅料：金巴利 1/4oz；味美思 3/4oz；苦精 2~3 滴；百香果 1 个

载杯：异形鸡尾酒杯

制作方法

①酒杯加冰冻杯；

②用摇和法调制鸡尾酒；

③冻杯后倒去冰块加入新冰块，在新冰块上点上几滴苦精并顺势摇晃酒杯几下；

④将调制好的鸡尾酒滤入（百香果事先切开滤去果肉、籽留果汁加入适量的糖水放在容器里备用，调制时直接加入摇酒壶与其他原料混合）。

创意设计展示：中式庭院风格，配以谷物、水、异形鸡尾酒杯、自创主题酒水。

【参赛选手】北京经济管理职业学院　蒿雪晴

【指导教师】丁杰

（四）关爱

【主题创意说明】

此款鸡尾酒命名为"care"。创意来源于每年10月8日的世界"防乳癌关爱日"主题，寓意关爱女性、关注女性健康。

色调

考虑到主题特征及宾客类型，此款鸡尾酒整体色调为枚红色，黑色柄高脚三角杯及粉红丝带装饰物的使用，使颜色过渡自然，搭配相得益彰。

主料、配料

此款鸡尾酒选用伏特加酒为基酒，辅料取用蜜桃利口酒、黑加仑利口酒、橙汁、蔓越莓汁、柠檬汁、草莓糖浆等材料。满足以女性宾客为主题需要的口感，突出了开胃酒的独特、爽口及开胃之功效。

配方

基酒：伏特加 45ml

辅料：蜜桃利口酒 10ml；黑加仑利口酒 10ml；橙汁 15ml；蔓越莓汁 20ml
柠檬汁 2~3 滴；草莓糖浆 5ml

制作方法：摇和法

装饰物

选用了在杯中拌上可食用的玫瑰花花瓣，并在杯脚系上红色丝带的方式，用来提示和凸显我们都应该关爱和关注女性的健康，让她们永远像玫瑰花一样的盛开。

实用性与推广性

主题针对市场广泛，适合该主题活动宴会餐前鸡尾酒或针对女性群体推出的酒吧特饮。具有较强的针对性和推广性。

【参赛选手】江西旅游商贸职业学院　杨思思

【指导教师】阮秀梅

（五）如若初见

【主题创意说明】

本款鸡尾酒以经典开胃鸡尾酒"马天尼"为基础，添加了青柠汁、君度橙酒使口感更为清爽可口，适合大众口味，且在最上面一层运用兑和法添加了红葡萄酒，让口感更为丰富，同时也让该酒更具观赏性。

此款鸡尾酒的创意来源于《木兰花令 拟古决绝词》中的名句"人生若只如初见"，该句形容初见时的美好，现今多用来形容初恋情愫。人世间，有一种爱，洁白如雪，不容亵渎；有一种情，朦胧而羞涩，神秘而激动；只有一次，仅此一回，那就是初恋。每个人都只有一次初恋，或甜蜜或心酸或苦涩，不管怎样对于初恋我们总是万分珍惜，多年以后还会时不时想起初恋的那个人和那些事……这款开胃酒的味道将酸、甜、苦交融于一体，这样的滋味正如初恋一般。

配方

青柠汁 1.5oz；君度橙酒 0.5oz；马天尼干味美思 0.5oz

金酒 0.5oz；红葡萄酒 0.5oz

载杯：高脚鸡尾酒杯

装饰物：用酒签穿橙角、樱桃、宽叶草进行装饰

调制方法

将青柠汁、君度橙酒、马天尼干味美思、金酒倒入装有冰块的摇酒壶中利用摇和法摇匀，滤入载杯，再用吧勺将红葡萄酒引流至载杯中酒的上方。

【参赛选手】金华职业技术学院　戴一楠

【指导教师】顾敏艳

项目五　展　示

附件

2017年全国职业院校技能大赛（高职组）"西餐宴会服务"赛项评分细则

为保证2017年全国职业院校技能大赛西餐宴会服务赛项的顺利进行，本着"公正、公开、公平"的竞赛原则，特制定本细则。

一、评分方式

①比赛总成绩满分100分，其中：

西餐宴会摆台（含西餐礼仪、摆台操作）45%；

英语台面主题介绍及知识问答15%；

西餐服务（含撤换餐具和侍酒服务）20%；

鸡尾酒调制（含服务礼仪）20%。

②具体评分方法如下：

a. 西餐宴会摆台

西餐宴会摆台比赛裁判员由5人组成。裁判员负责参赛选手仪表仪容检查和比赛过程中操作规范、台面主题创意及整体台面等的评判。评判得分计算办法：去掉五个裁判中的一个最高分和一个最低分，算出每位选手的该项平均分，小数点后保留两位。

b. 英语台面主题介绍及知识问答

英语台面主题介绍及知识问答比赛裁判员由5人组成。裁判员负责英语解说的评判，并现场根据主题台面提问1个问题由选手解答。同时，进行西餐基础知识理论问答。评判得分计算办法：去掉五个裁判中的一个最高分和一个最低分，算出每位选手的该项平均分，小数点后保留两位。

c. 西餐服务

西餐服务（撤换餐具和侍酒服务）比赛裁判员由5人组成。裁判员负责选手撤换餐具、调整餐具、冰水斟倒、葡萄酒开瓶、葡萄酒斟酒服务等内容的评判。评判得分计算办法：去掉五个裁判中的一个最高分和一个最低分，算出每位选手的该项平均分，小数点后保留两位。

d. 鸡尾酒调制

鸡尾酒调制比赛裁判员由 5 人组成。裁判员负责参赛选手调酒规范、操作流程、成品酒质量的评判。评判得分计算办法：去掉五个裁判中的一个最高分和一个最低分，算出每位选手的该项平均分，小数点后保留两位。

③裁判员对每位选手的评分将于每场比赛结束后现场公布，如有异议请直接向大赛仲裁工作组申请复核。

④竞赛名次按照得分高低排序。当总分相等时，按照西餐宴会摆台得分、西餐服务得分、鸡尾酒调制得分、英语成绩得分排序。

二、竞赛规则与评分标准

竞赛内容以西餐宴会服务为主，调酒服务为辅，涵盖西餐宴会摆台、台面创意设计、餐巾折花、调酒、西餐服务、西餐服务英语运用以及西餐服务知识问答等方面，重点关注选手操作技能水平以及操作过程中的职业礼仪与职业规范。

竞赛分四部分，即西餐宴会摆台、英语台面主题介绍及知识问答、西餐服务、鸡尾酒调制。

（一）西餐宴会摆台

西餐宴会摆台包括西餐宴会摆台、餐巾折花、台面主题设计与布置。主要考察选手操作的熟练性、规范性，台面布置的美观性、实用性，以及对西餐文化的理解等专业知识的掌握。比赛要求：

①按西餐宴会摆台（6 人位），参赛选手利用自身条件，创新台面设计。

②操作时间 15 分钟（15 分钟到即停止操作，提前完成不加分）。

③选手必须佩戴参赛号提前进入比赛场地，按照裁判员统一口令"开始准备"进行准备，准备时间 2 分钟。准备就绪后，举手示意。

④选手在裁判员宣布"比赛开始"后开始操作。

⑤比赛开始时，选手站在工作台前。比赛中所有操作必须按顺时针方向进行。

⑥所有操作结束后，选手应回到工作台前，举手示意"比赛完毕"。

⑦摆台操作中根据西餐服务特点合理使用托盘。

⑧按西餐服务标准和规范铺台布。台布准备按行业规范熨烫，不得故意进行定位式熨烫。

⑨不得将餐椅拉出在内圈进行操作。

⑩餐巾准备无任何折痕；餐巾折花为盆花，须突出主位花形，整体挺括、和谐，

符合台面设计主题。

⑪餐巾折花和摆台先后顺序不限。

⑫比赛评分标准中的项目顺序并不是规定的操作顺序，选手可以自行选择完成各个比赛项目。

⑬物品掉落每件扣 3 分，物品碰倒每件扣 2 分，物品遗漏每件扣 1 分。

⑭选手须提前准备中英文西餐宴会摆台主题创意书面说明稿（包括主题名称、主题内涵等），说明稿提前打印好 12 份，另准备 2 张 7 吋彩色台面全景照片，并在检录时统一上交。

西餐宴会摆台评分细则（45 分，占总分的 45%）

项目	项目评分细则	分值	扣分	备注
工作台准备（2 分）	餐器具、玻璃器皿等清洁、卫生	2		
	工作台整洁，物品摆放整齐、规范、安全			
铺台布（2 分）	台布中凸线向上，两块台布中凸线对齐	2		
	两块台布在中央重叠，重叠部分均等、整齐			
	主人位方向台布交叠在副主人位方向台布上			
	台布四边下垂均等			
	台布铺设方法正确，最多四次整理成形			
餐椅定位（2 分）	从主人位开始按顺时针方向进行，从餐椅正后方进行操作	2		
	餐椅之间距离均等，相对餐椅的椅背中心对准			
	餐椅边沿与下垂台布距离均等			
装饰盘（3 分）	手持盘沿右侧操作，从主人位开始摆设	3		
	盘边离桌边距离均等，与餐具尾部成一线			
	装饰盘中心与餐椅中心对准			
	盘与盘间距均等			
刀、叉、勺（8 分）	刀叉勺由内向外摆放，距桌边距离均等（每个 0.1 分）	8		
	刀叉勺之间及与其他餐具间距离均等、整体协调、整齐（每个 0.1 分）			
面包盘、黄油刀、黄油碟（3 分）	面包盘盘边距开胃品叉 1cm（每个 0.1 分）	3		
	面包盘中心与装饰盘中心对齐			
	黄油刀置于面包盘内右侧 1/3 处			
	黄油碟摆放在黄油刀尖正上方，间距均等			

续表

项目	项目评分细则	分值	扣分	备注
杯具摆放（3分）	摆放顺序：白葡萄酒杯、红葡萄酒杯、水杯（白葡萄酒杯摆在开胃品刀的正上方，杯底距开胃品刀尖2cm）	3		
	三杯向右与水平线呈45°角			
	各杯肚间距均等			
中心装饰物（1分）	中心装饰物中心置于餐桌中央和台布中凸线上	1		
	中心装饰物主体高度不超过30cm			
烛台（1分）	烛台与中心装饰物间距均等	1		
	烛台底座中心压台布中凸线			
	两个烛台方向一致			
牙签盅、椒盐瓶（2分）	牙签盅与烛台底边间距均等	2		
	牙签盅中心压在台布中凸线上			
	椒盐瓶与牙签盅距离均等			
	左椒右盐，椒盐瓶与台布中凸线间距均等			
餐巾盘花（3分）	在平盘上操作，折叠方法正确、卫生	3		
	在餐盘中摆放一致，正面朝向客人；造型美观、大方、一致，突出主人位			
操作动作与西餐礼仪（5分）	托盘方法正确，操作规范；餐具拿捏方法正确，卫生、安全	5		
	操作动作规范、熟练、轻巧、自然、不做作			
	操作过程中举止大方、注重礼貌、保持微笑			
	仪容仪态、着装等符合行业规范和要求			
	操作神态自然，具有亲和力，体现岗位气质			
主题设计（10分）	台面整体设计新颖、颜色协调、主题鲜明	10		
	中心装饰物设计精巧、实用性强、易推广			
	中心装饰物现场组装与摆放			
合 计		45		

违例扣分：
物品掉落每件扣3分、物品碰倒每件扣2分、物品遗漏每件扣1分　扣分：　　分

实 际 得 分

附件

(二)英语台面主题介绍及知识问答

1. 评分标准

准确性：选手语音语调及所使用语法和词汇的准确性，回答问题的准确性。

熟练性：选手掌握岗位英语的熟练程度。

语言表述：选手语言表述简练、清晰、规范。

2. 评分说明

①台面主题介绍部分。

7~8分：语法与词汇正确，词汇丰富，语音语调标准，熟练、流利地掌握岗位英语，语言表达清晰、规范。

5~6分：语法与词汇基本正确，语音语调尚可，允许有个别母语口音，较熟悉岗位英语，语言表达基本清晰、规范。

3~4分：语法与词汇有一定错误，发音有缺陷，但不严重影响正常表述。

2分以下：语法与词汇有较多错误，停顿较多，严重影响表达。不能适应语境的变化。

②英语台面主题问答部分。

2分：对主题理解透彻，回答问题正确。

③西餐基础知识问答部分。

5分：答案正确，语言表达准确。

英语台面主题介绍及知识问答评分细则（15分，占总分的15%）

项目	评分细则	分值	得分
英语台面主题介绍（10分）	语法与词汇正确，词汇丰富，语音语调标准，熟练、流利地掌握岗位英语，语言表达清晰、规范	7~8	
	语法与词汇基本正确，语音语调尚可，允许有个别母语口音，较熟悉岗位英语，语言表达基本清晰、规范	5~6	
	语法与词汇有一定错误，发音有缺陷，但不严重影响正常表达	3~4	
	语法与词汇有较多错误，停顿较多，严重影响表达。不能适应语境的变化	2分以下	
	现场问题回答正确	2	
西餐基础知识问答（5分）	答案正确，语言表达清晰、规范	5	
实际合计			

(三) 西餐服务

西餐服务是由选手根据现场提供的菜单,为3个餐位的客人斟倒冰水、撤换餐具,提供侍酒服务。具体比赛要求如下:

①每组由 6 名选手同时进行,比赛时间为 15 分钟,包括准备和操作。

②选手在裁判员宣布"比赛开始"后开始操作。操作结束后,选手应回到工作台前,举手示意"比赛完毕"。

③比赛中所有操作必须按顺时针方向进行。

④现场由裁判组长随机给每位选手派送一份西餐宴会菜单,选手根据菜单上确定的餐位、每位客人选择的菜肴,为规定的餐位调整餐具,将不需要使用的餐具、杯具等用托盘撤下,摆放至工作台上。

⑤为规定的餐位的客人斟倒冰水。

⑥现场使用规定刀具(海马刀)开启红葡萄酒,要求瓶口锡纸边缘整齐,木塞完整。

⑦将红葡萄酒给主人示酒、鉴酒,并按顺序为客人斟酒。白葡萄酒需要包瓶。采用徒手为客人斟葡萄酒。

⑧要求操作规范,动作自然大方,符合西餐服务要求。

⑨操作中物品掉落每件扣2分、物品碰倒每件扣1分;斟倒酒水时每滴一滴扣1分,每滴酒一摊扣 3 分。

西餐服务评分细则(20分,占总分的 20%)

项目	项目评分细则	分值	扣分	备注
撤换餐具 (6分)	从主人位开始,顺时针为规定餐位调整餐具	6		
	正确撤掉相应餐具、杯具			
	将剩余餐具调整整齐,保持餐具均衡、协调			
	餐具拿捏方法正确,操作规范			
开葡萄酒 (4分)	按正确方法示酒(只需示红葡萄酒)	4		
	用专用开瓶器(海马刀)上的小刀,切除葡萄酒瓶口的封口(胶帽),要求胶帽边缘整齐			
	用开瓶器上的螺杆拔起软木塞,要求软木塞完整无损、无落屑			
	操作规范、卫生、优雅,酒瓶不转动			

续表

项目	项目评分细则	分值	扣分	备注
酒水斟倒（8分）	为指定的三位客人斟倒冰水	8		
	由主人鉴酒（只需红葡萄酒）			
	按座位顺序为指定客人斟葡萄酒			
	酒标朝向宾客，在宾客右侧服务			
	斟倒酒水量为3~5成，各杯酒水量均等			
	白葡萄酒需要口布包瓶			
	操作规范、卫生、优雅			
操作规范与服务礼仪（2分）	操作动作规范、熟练、轻巧、自然、不做作	2		
	操作过程中举止大方、注重礼貌、保持微笑			
	服务语言规范、得当，符合行业要求			
	操作神态自然，具有亲和力，体现岗位气质			
合 计		20		
违例扣分： 物品掉落每件扣2分、物品碰倒每件扣1分 斟倒酒水时每滴一滴扣1分，每滴洒一摊扣3分			扣分：　　分 扣分：　　分	
实 际 得 分				

（四）鸡尾酒调制

包括抽签酒调制和可以用作开胃酒的自创鸡尾酒调制，以此考核选手对鸡尾酒调制方法、调制技巧和操作规范的掌握程度。具体比赛要求如下：

①操作比赛每组3名选手同时进行。选手必须佩戴参赛证、身份证、学生证提前进入比赛检录区检录，抽取操作台号。

②选手必须佩戴参赛号提前进入比赛场地，按台号顺序抽取抽签酒。

③按照裁判员统一口令"开始准备"进行准备，准备时间2分钟。准备时间内将调酒所需酒水、杯具、装饰物、调酒器具等整齐摆放在操作台上。准备就绪后，举手示意。

④裁判员发布口令"操作开始"后，选手开始调制抽签酒。操作完成后举手示意。

⑤抽签鸡尾酒调酒比赛中鸡尾酒装饰物须参赛选手现场制作，主办方统一提供新鲜菠萝、柠檬、橙子、罐装樱桃、花伞、酒签、豆蔻粉供选手使用。

⑥抽签酒完成后，裁判员下达"开始准备"口令，选手将自创鸡尾酒的酒水、杯

具、装饰物、调酒器具等整齐摆放在操作台上。准备时间 2 分钟，准备就绪后，举手示意。

⑦裁判员发布"操作开始"口令后，选手开始调制自创酒。操作完成后举手示意。

⑧物品掉落每件扣 1 分、物品碰倒每件扣 0.5 分；斟倒酒水时每滴一滴扣 0.5 分，滴洒一滩扣 2 分。

⑨选手须提前准备自创鸡尾酒主题创意书面说明稿（包括主题名称、主题内涵等），说明稿提前打印好 6 份，另准备 2 张 7 吋彩色成品酒照片，并在检录时统一上交。

鸡尾酒调制评分细则（20 分，占总分的 20%）

项目	要求和评分标准	分值	扣分	备注
服务礼仪 （2 分）	操作过程中举止大方、注重礼貌、保持微笑	1		
	仪容仪态、着装等符合行业规范和要求	1		
抽签酒调制 （6 分）	调酒材料、酒杯选配正确、合理	2		
	酒品颜色协调、口感舒适、味道纯正	1		
	装饰物制作合理、搭配有致	1		
	操作程序正确，动作规范、卫生安全	1		
	调酒器具使用得当，保持干净、整齐	0.5		
	酒水使用完毕复归原位	0.5		
自创鸡尾酒 调制 （12 分）	主题创意符合要求、主题鲜明、独特	4		
	酒品用料准确、合理，颜色协调，口感纯正	3		
	装饰物制作规范，具有一定的观赏性，符合酒品创意	1		
	操作动作规范、安全，符合卫生要求	1		
	操作完毕，酒水、用具复归原位	1		
	中英文主题创意说明清晰，配方规范	2		
合计得分		20		
物品掉落每件扣 1 分、物品碰倒每件扣 0.5 分 斟倒酒水时每滴一滴扣 0.5 分，滴洒一滩扣 2 分		扣分　　分 扣分　　分		
	实 际 得 分			

三、比赛物品准备

（一）设备设施

品名	型号	技术参数	备注
餐台	长方形	长 240cm，宽 120cm，高 75cm	统一提供
餐椅	软面无扶手	椅子总高度 95cm，椅面 45cm×45cm	统一提供
工作台	正方形	120cm×90cm，高 75cm	统一提供
调酒操作台	正方形	120cm×90cm，高 75cm	统一提供
调酒工作台	正方形	120cm×90cm，高 75cm	统一提供

（二）耗材

品名	型号	技术参数	备注
红葡萄酒	长城特制干红	750ml	统一提供
白葡萄酒	长城特制白葡	750ml	统一提供
鸡尾酒酒水		规定鸡尾酒用酒根据提供的配方确定	统一提供

（三）用具

品名	型号	技术参数	备注
台布	自定	200cm×162.5cm，2 块	自备
口布	正方形	边长 45~60cm	自备
主题装饰物	自定	突出设计主题	自备
展示盘、面包盘、黄油碟	6 套（可选）	展示盘 10.5 吋、面包盘 6.5 吋、黄油碟 3.5 吋	统一提供
胡椒、盐瓶、牙签盅	6 套（可选）	与餐具协调，符合主题创意	统一提供
玻璃杯	2 套（可选）	两种规格（水杯，红、白葡萄酒杯）	统一提供
餐具（刀、叉、勺）	2 套（可选）	摆台用开胃刀叉、汤匙、鱼刀叉、主菜刀叉、甜品叉匙	统一提供
烛台与蜡烛	自定		自备
主题创意说明牌	自定	摆放主题创意说明	自备
托盘	圆形或长方形防滑托盘	圆形直径 40~50cm，长方形 35cm×45cm	统一提供

续表

品名	型号	技术参数	备注
平盘	圆形	18寸	统一提供
调酒壶		250~500ml	统一提供
量酒杯		30ml/45ml	统一提供
吧勺			统一提供
海马刀			统一提供

2017年全国职业院校技能大赛赛项规程

赛项编号：GZ-2017041

赛项名称：西餐宴会服务

赛项组别：中职组☐　　　高职组☐

专业大类：6401 旅游类

规程编制专家组组长：陈增红

电话号码：13791060069

规程编制单位（盖章）：南京旅游职业学院

规程编制负责人：匡家庆

规程编制单位联络人：匡家庆

联络人电话：13905194709

电子邮箱：jqkuang-4709@163.com

通信地址：江苏省南京市江宁大学城月华西路1号

邮政编码：211100

2017年全国职业院校技能大赛（高职组）"西餐宴会服务"赛项规程

一、赛项名称

赛项编号：GZ-2017041

赛项名称：西餐宴会服务

英语翻译：Western Banquet Service

赛项组别：高职组

赛项归属产业：现代服务业（酒店业）

二、竞赛目的

本项竞赛旨在检验参赛选手西餐服务的专业操作能力及设计创新能力，考查参赛队员在产品创新、现场问题的分析与处理、卫生安全操作等方面的职业素养，引导高职院校关注行业发展趋势，促进旅游管理高职教育专业教育教学改革，培养酒店管理（旅游管理）专业高素质、技术技能型人才。

三、竞赛内容

（一）竞赛内容

竞赛内容以西餐宴会服务为主，调酒服务为辅，涵盖西餐宴会摆台、台面创意设计、餐巾折花、调酒、西餐服务、西餐服务英语运用以及西餐服务知识问答等方面，重点关注选手操作技能水平以及操作过程中的职业礼仪与职业规范。

竞赛分四部分，即西餐宴会摆台、英语台面主题介绍及知识问答、西餐服务、鸡尾酒调制。

1. 以西方传统节日为主题的西餐宴会摆台操作

选手现场摆一个6人西餐宴会台，并围绕西方传统节日进行台面主题设计与布置，主要考查选手操作的熟练性、规范性、台面布置的美观性、实用性，以及对西餐文化的理解等专业知识的掌握。

2. 英语台面主题介绍及知识问答

选手用英语介绍台面设计主题、设计思路，并现场回答1个根据台面主题设计提出的问题，考核选手西餐服务英语的综合运用能力。

现场抽签，用英语回答一个西餐服务基础知识问题，考查选手对西餐基础知识的掌握程度。

3. 西餐服务

选手根据现场提供的菜单，为3个餐位的客人斟倒冰水、调整餐具，提供侍酒服务。包括撤掉多余的餐具，开红葡萄酒瓶，并进行红白葡萄酒斟酒服务等。考查选手对西餐服务知识和技能的掌握程度，以及服务的规范性。

4. 鸡尾酒调制

每位选手现场调制一杯抽签鸡尾酒和一杯可以用作开胃酒的自创鸡尾酒。考察选手对鸡尾酒调制方法的掌握程度和操作的基本规范，以及鸡尾酒的创新能力。

抽签鸡尾酒调制规程

选手从下述5款鸡尾酒中抽取一款现场调制：

①名称：纽约（New York）

  材料：威士忌 3/4

     青柠汁 1/4

     石榴糖浆 1/2茶匙

制法：将冰块和上述材料放入调酒壶中摇匀，倒入冰冻过的鸡尾酒杯。再将几滴橙皮油拧入酒中。

②名称：椰林飘香（Pina Colada）

  材料：白朗姆酒 1/3

     椰浆利口酒 2/3

     菠萝汁 3~4oz

制法：将适量冰块加入柯林杯中；将白朗姆酒、椰浆利口酒加冰块摇匀后滤入柯林杯中，加入菠萝汁搅匀即可，用菠萝条挂杯装饰。

③名称：新加坡司令（Singapore Sling）

  材料：金酒 1/3

     柠檬汁 3/6

     石榴糖浆 1/6

     苏打水 1听

　　　　樱桃白兰地　　　　10ml

制法：将适量冰块加入柯林杯中；将金酒、柠檬汁、石榴糖浆加冰，用摇酒壶摇匀后滤入柯林杯中，兑满苏打水，将樱桃白兰地淋入杯中；用柠檬片、樱桃装饰。

④名称：特基拉日出（Tequila Sunrise）

　　材料：特基拉酒　　　　1/2
　　　　　白橙皮利口酒　　　1/4
　　　　　柠檬汁　　　　　　1/4
　　　　　橙汁　　　　　　　3~4oz
　　　　　红石榴糖浆　　　　0.5oz

制法：将特基拉酒、白橙皮利口酒、柠檬汁加冰块摇匀后滤入酸酒杯中，加入橙汁，用吧匙沿杯边倒入红石榴糖浆，用柠檬角、樱桃装饰。

⑤名称：白兰地亚历山大（Brandy Alexander）

　　材料：白兰地　　　　　　1/3
　　　　　深色可可酒　　　　1/3
　　　　　淡奶　　　　　　　1/3

制法：将上述材料放入调酒壶中，加冰块摇匀后滤入鸡尾酒杯中，撒入豆蔻粉装饰。

（二）比赛成绩

本赛项总成绩满分 100 分，其中：

西餐宴会摆台（含西餐礼仪、摆台操作）45%；

英语台面主题介绍及知识问答 15%；

西餐服务（含撤换餐具和侍酒服务）20%；

鸡尾酒调制（含服务礼仪）20%。

（三）赛项比赛时间

1. 西餐宴会摆台

每位选手比赛时间为 17 分钟。具体时间为：

准备时间：2 分钟

宴会摆台：15 分钟

操作时间到即停止操作，按选手完成部分打分，未完成部分不计成绩。

2. 英语台面主题介绍及知识问答

每位选手 5 分钟。具体时间为：

英语台面主题介绍：3分钟

英语台面知识问答：1分钟

西餐服务基础知识问答（英语）：1分钟

3. 西餐服务

每位选手操作时间为15分钟，包括准备时间、调整餐具、斟倒冰水、开红葡萄酒、斟酒操作。

4. 鸡尾酒调制

每位选手比赛时间为14分钟。具体时间为：

抽签鸡尾酒调制：7分钟（含准备时间2分钟）

自创鸡尾酒调制：7分钟（含准备时间2分钟）

分项分别计时，操作时间到即停止操作，按选手完成部分打分，未完成部分不计成绩。

四、竞赛方式

①本赛项为个人赛，参赛选手独立完成所有比赛项目，每名选手不超过1名指导教师。来自同一院校的参赛选手不得超过2人；参赛选手与指导教师的对应关系一旦确定不得随意改变。每个参赛省（自治区、直辖市）配领队1名。

②本赛项采取分组比赛，根据报名情况每组6人。选手分组于报到当天在领队会议上抽签确定，每名选手具体操作位于赛前检录时现场抽取。

③本赛项将邀请海外院校参加表演及观摩。

五、竞赛流程

竞赛流程

时间	项目	参加人员	地点
第一天 8:00—17:00	参赛队报到	全体	御冠酒店大堂
17:00—18:00	看比赛场地	全体选手	酒店多功能厅
18:00—19:00	领队会，第一次抽签	领队、教练	锦绣厅
第二天 8:30—9:00	开幕式	参赛队	多功能厅
9:30—17:30	技能比赛 1~8组西餐宴会摆台、西餐服务操作 9~16组调酒操作	参赛选手	多功能厅、锦绣厅

续表

时间	项目	参加人员	地点
第三天 8:30—17:00	技能比赛 9~16组西餐宴会摆台、西餐服务操作 1~8组调酒操作	参赛选手	多功能厅、锦绣厅
第四天 9:00—10:30 返程	专家点评、闭幕式	参赛选手	多功能厅

具体流程待报名结束后公布。

西餐宴会服务赛项竞赛流程

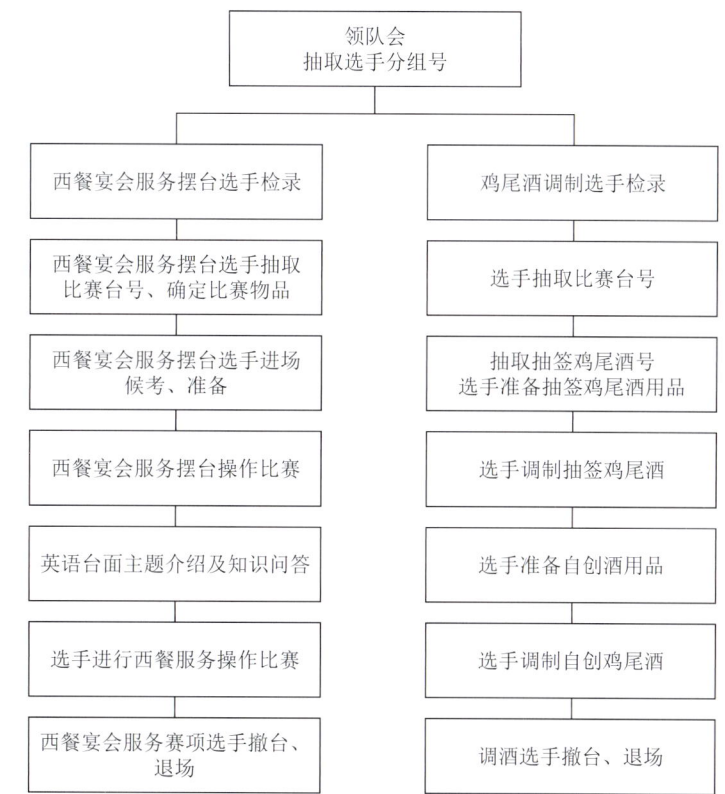

六、竞赛试题

①赛项不设理论考试。

②技能操作标准公开。

③西餐服务基础知识（英语）问答题库于赛前一个月在网上公布。

样题：

① Q: What will you say when you want to take an order from the guest?

A: Please, may I take your order?

② Q: What will you say to the guest when all the dishes have been served?

A: That is all for your order. Please enjoy your meal.

七、竞赛规则

①参赛队及参赛选手资格：参赛选手须为高等学校旅游管理类专业全日制在籍学生；本科院校中高职类旅游管理类专业全日制在籍学生；五年制高职四、五年级学生可报名参加高职组比赛。高职组参赛选手年龄须不超过25周岁（当年），即1992年7月1日后出生。

②各参赛选手参赛顺序由现场抽签结果决定。

③报到当天17:00—18:00可观看比赛场地，但不得进行现场练习。

④参赛选手按规定时间到达指定地点，凭参赛证、学生证和身份证（三证必须齐全）参加检录，同时将参赛设施设备带入场地。选手迟到10分钟取消比赛资格。

⑤本赛项在西餐宴会摆台中，除台布、口布、主题装饰物由选手自备外，其他比赛使用的餐具、用具、酒水等均由赛场统一准备。台面主题牌由选手自备，并根据需要摆放在台面适当位置。

⑥调酒项目中，抽签鸡尾酒调制的所有酒水、用具均由赛场统一提供，自创酒所有酒水、用具均由选手自备，于检录后一并带入赛场。

⑦所有比赛用餐具、用具、酒水、桌椅等品名、品牌、型号和实物图片在比赛前一个月上网公布。

⑧西餐宴会主题设计中心艺术品、装饰品的各部件可提前准备，但必须现场完成最后制作或组合。自创鸡尾酒的装饰物须现场制作。

⑨各队领队和指导教师，以及观摩人员在赛场指定的观摩区观摩比赛。

⑩新闻媒体在赛场设定的媒体采访区工作，并且听从现场工作人员的安排和管理，不得影响比赛进行。

⑪参赛选手不得携带通信工具和其他未经允许的资料、物品进入比赛场地，不得中途退场。如出现较严重的违规、违纪、舞弊等现象，经裁判组裁定取消比赛成绩。

⑫参赛选手检录时需提交以下材料：

a. 12份中英文餐台主题设计说明和2张7吋台面正面彩照。

b. 6份自创鸡尾酒说明，2张成品鸡尾酒照片。

c. 说明书上不得出现选手名字、参赛队名称等任何信息，在抽取比赛台号后，由检录员在说明书上填写参赛台号。

⑬选手进场后，听取裁判统一指令后进行准备和比赛。

⑭比赛过程中，参赛选手须严格遵守操作标准和规范，保证自身安全，并接受裁判员的监督和警示；若因设备故障导致选手中断或终止比赛，由大赛裁判长视具体情况作出裁决。

⑮为避免影响其他选手比赛，现场操作比赛不允许播放背景音乐。

⑯现场比赛结束，经裁判员确认后方可离开赛场。若参赛选手欲提前结束比赛，应向裁判员举手示意，比赛终止时间由裁判员记录，参赛选手结束比赛后不得再进行任何操作。

⑰西餐宴会摆台和鸡尾酒调制两项目按照比赛顺序号交叉进行。

⑱各赛项由裁判员现场评分，经裁判长签字确认后予以公布，如有异议请直接向大赛仲裁工作组申请复核。

八、竞赛环境

1. 西餐宴会摆台专业技能比赛在 $500m^2$ 的空间共设 12 个比赛区，每组比赛使用 6 个比赛区。每个比赛区面积 $40m^2$。比赛设备包括西餐宴会标准六人长方桌、餐椅、工作台。

2. 鸡尾酒调制技能比赛在 $200m^2$ 的空间设 3 个比赛区，每个比赛区面积 $30m^2$。比赛设备包括鸡尾酒调制的操作台、工作台和酒水车。

3. 比赛现场合理地设置人流、物流通道；保证良好的采光、照明和通风，设置抽风装置；提供稳定的水、电供应和供电应急设备。

4. 每个比赛现场设置专门的观摩区，供各参赛队领队、教练现场观摩。

九、技术规范

1. 参照教育部发布的旅游管理类酒店管理专业教学基本要求。
2. 以酒店西餐服务与酒吧调酒服务的行业岗位能力要求为参考。
3. 参照国家旅游局旅游饭店服务技能大赛西餐宴会服务标准、调酒标准。

十、技术平台

2017 年西餐宴会服务赛项所使用设施及用品如下：

（一）设备设施

品名	型号	技术参数	备注
餐台	长方形	长 240cm，宽 120cm，高 75cm	统一提供
餐椅	软面无扶手	椅子总高度 95cm，椅面 45cm × 45cm	统一提供
工作台	正方形	120cm × 90cm，高 75cm	统一提供
调酒操作台	正方形	120cm × 90cm，高 75cm	统一提供
调酒工作台	正方形	120cm × 90cm，高 75cm	统一提供

（二）耗材

品名	型号	技术参数	备注
红葡萄酒	长城特制干红	750ml	统一提供
白葡萄酒	长城特制白葡	750ml	统一提供
鸡尾酒酒水		规定鸡尾酒用酒根据提供的配方确定	统一提供

（三）用具

品名	型号	技术参数	备注
台布	自定	200cm × 162.5cm，2 块	自备
口布	正方形	边长 45~60cm	自备
主题装饰物	自定	突出设计主题	自备
展示盘、面包盘、黄油碟	6 套（可选）	展示盘 10.5 吋、面包盘 6.5 吋、黄油碟 3.5 吋	统一提供
胡椒、盐瓶、牙签盅	6 套（可选）	与餐具协调，符合主题创意	统一提供
玻璃杯	2 套（可选）	两种规格（水杯、红、白葡萄酒杯）	统一提供
餐具（刀、叉、勺）	2 套（可选）	摆台用开胃刀叉、汤匙、鱼刀叉、主菜刀叉、甜品叉匙	统一提供
烛台与蜡烛	自定		自备
主题创意说明牌	自定	摆放主题创意说明	自备
托盘	圆形或长方形防滑托盘	圆形直径 40~50cm，长方形 35cm × 45cm	统一提供
平盘	圆形	18 吋	统一提供

续表

品名	型号	技术参数	备注
调酒壶		250~500ml	统一提供
量酒杯		30ml/45ml	统一提供
吧勺			统一提供
海马刀			统一提供

十一、成绩评定

（一）评分标准制订原则

①在高职组赛事组委会及赛项执委会、专家委员会领导下，赛项裁判长负责赛项成绩评定工作，并上报高职组赛事仲裁工作组，由高职组赛事仲裁工作组对竞赛结果做最终裁定。

②赛项裁判组本着"公平、公正、公开、科学、规范"的原则，通过创新设计、现场分析答辩、英语解说、职业形象展示等形式，对西餐宴会摆台、鸡尾酒调制操作规范性、科学性，台面设计的美观性、实用性，操作过程中的职业礼仪与职业规范等多方面进行综合评价，最终按总分得分高低，确定奖项归属。

③西餐宴会摆台、英语台面主题介绍、西餐服务、鸡尾酒调制评分细则见附件。

（二）评分方法

①裁判员选聘：按照《2017年全国职业院校技能大赛专家和裁判工作管理办法》建立全国职业院校技能大赛赛项裁判库，由全国职业院校技能大赛执委会在赛项裁判库中抽定赛项裁判人员。裁判长由赛项执委会向大赛执委会推荐，由大赛执委会聘任。

②赛前组织裁判培训，统一各比赛项目的评分细则。现场比赛期间，各裁判根据评分标准独立打分，不得相互讨论，不得干扰其他裁判打分。

③裁判员人数：共安排23名裁判。其中裁判长1名；西餐宴会摆台操作现场比赛裁判员5名；英语台面主题介绍及知识问答比赛裁判5名；西餐服务比赛裁判5名；调酒现场比赛裁判5名；加密裁判2名。

④比赛总成绩满分100分，其中：

西餐宴会摆台（含西餐礼仪、摆台操作）45%；

英语台面主题介绍及知识问答15%；

西餐服务（含撤换餐具和侍酒服务）20%；

鸡尾酒调制（含服务礼仪）20%。

⑤具体评分方法如下：

a. 西餐宴会摆台

西餐宴会摆台比赛裁判员由 5 人组成。裁判员负责参赛选手仪表仪容、比赛过程中操作规范、台面主题创意及整体台面等的评判。评判得分计算办法：去掉五个裁判中的一个最高分和一个最低分，算出每位选手的该项平均分，小数点后保留两位。

b. 英语台面主题介绍及知识问答

英语台面主题介绍及知识问答比赛裁判员由 5 人组成。裁判员负责英语解说的评判，并现场根据主题台面提问 1 个问题由选手解答。同时，进行西餐基础知识理论问答。评判得分计算办法：去掉五个裁判中的一个最高分和一个最低分，算出每位选手的该项平均分，小数点后保留两位。

c. 西餐服务

西餐服务（撤换餐具和侍酒服务）比赛裁判员由 5 人组成。裁判员负责选手撤换餐具、调整餐具、冰水斟倒、葡萄酒开瓶、葡萄酒斟酒服务等内容的评判。评判得分计算办法：去掉五个裁判中的一个最高分和一个最低分，算出每位选手的该项平均分，小数点后保留两位。

d. 鸡尾酒调制

鸡尾酒调制比赛裁判员由 5 人组成。裁判员负责参赛选手调酒规范、操作流程、成品酒质量的评判。评判得分计算办法：去掉五个裁判中的一个最高分和一个最低分，算出每位选手的该项平均分，小数点后保留两位。

⑥裁判员对每位选手的评分将于每场比赛结束后由大赛成绩组进行成绩统计、复核，经裁判长审核签字后予以现场公布。对选手成绩如有异议，可按程序向大赛仲裁工作组申请复核。

⑦竞赛名次按照得分高低排序。当总分相等时，按照西餐宴会摆台得分、西餐服务得分、鸡尾酒调制得分、英语成绩得分排序。

十二、奖项设定

①本赛项奖项设个人奖。竞赛个人奖的设定为：一等奖占比 10%，二等奖占比 20%，三等奖占比 30%。

②获得一等奖的选手的指导教师由组委会颁发优秀指导教师证书。

十三、赛项安全

①比赛现场设计考虑安全因素，注意人流、物流的路线设计，合理划分比赛区域和观摩区。

②制订应急预案。

③设专门安保人员巡查现场各种安全隐患。

④赛前检查设施设备的安全性。

十四、竞赛须知

（一）参赛队须知

①熟悉竞赛规程，负责做好本参赛队大赛期间的管理工作，负责本参赛队的参赛组织和与大赛的联络。

②贯彻、执行大赛各项规定，竞赛期间不私自接触裁判。

③准时参加赛前领队会议，并认真传达、落实会议精神，确保参赛选手准时参加各项比赛及活动。

④领队在比赛时需密切留意参赛选手的比赛时间，安排充足人员进行调度，避免出现因迟到而被取消比赛资格的现象。

⑤对不符合竞赛规定的设备、软件、工具，有失公正的评判、奖励以及工作人员的违规行为等，均可提出申诉。申诉须在专项竞赛结束后 2 小时内提出，否则不予受理。

⑥领队应负责赛事活动期间本队所有选手的人身及财产安全，并按规定为参赛选手及参赛人员购买相关保险。如发生意外事故，应及时向组委会报告。

（二）指导教师须知

①比赛过程中，指导教师不得操作任何工具和设备，不得现场书写、传递任何资料给参赛选手。

②贯彻、执行大赛各项规定，竞赛期间不私自接触裁判。

（三）参赛选手须知

1. 准备阶段

①参赛选手须认真填写报名表各项内容，提供个人真实身份证明，凡弄虚作假者，将取消其比赛资格。

②参赛队按照大赛赛程安排和具体时间前往指定地点，各参赛选手凭大赛组委会颁发的参赛证和有效身份证件参加比赛及相关活动。

③参赛选手进行操作比赛前须检录。检录时应出示本人身份证及参赛证，检录合格后方可参赛。凡未按时检录或检录不合格者取消参赛资格

④参赛选手应仪表规范、着装干净整洁、举止大方得体，女选手可适度化妆以符合岗位要求。

⑤参赛选手应自觉遵守赛场纪律，服从裁判，听从指挥。

2. 比赛阶段

①西餐宴会服务现场操作比赛：每组6名选手同时进行比赛，每位选手的准备时间为2分钟，宴会摆台操作时间为15分钟，英语台面主题介绍及西餐知识问答5分钟/人，西餐服务时间为15分钟。每场比赛时间62分钟。每项比赛结束后裁判评分。比赛顺序、操作台号采取抽签的方式确定。

②鸡尾酒调制比赛：每款酒操作时间为7分钟（含2分钟准备时间）。操作时间到即停止操作，按选手完成部分打分，未完成部分不计成绩。

③参赛选手必须佩戴参赛证按照参赛时段提前15分钟检录进入比赛场地进行赛前准备，按照裁判员统一口令"开始准备"进行准备。准备就绪后，举手示意。

④参赛选手在裁判员宣布"比赛开始"后开始操作。

⑤操作结束后，举手示意"比赛完毕"。

⑥参赛选手在比赛中，除回答裁判的提问外，不得对裁判透露自己的姓名和学校以及对操作过程作任何解释。

3. 结束阶段

①参赛选手操作完毕，在裁判员批准后应立即离开比赛现场，不得以任何借口在赛场逗留。

②参赛选手在竞赛期间未经组委会的批准，不得接受其他单位和个人进行的与竞赛内容相关的采访，不得私自公开竞赛的相关情况和资料。

③参赛选手在竞赛过程中须主动配合裁判的工作，服从裁判安排，如果对竞赛的裁决有异议，须通过领队以书面形式向仲裁工作组提出申诉。

④本竞赛项目的最终解释权归大赛组委会。

（四）工作人员须知

①工作人员必须统一佩戴由大赛组委会签发的相应证件，着装整齐。

②工作人员不得携带通信工具进入赛场，不得影响参赛选手比赛，不允许有影响

比赛公平的行为。

③服从领导，听从指挥，以高度负责的精神、严肃认真的态度做好各项工作。

④熟悉比赛规程，认真遵守各项比赛规则和工作要求。

⑤坚守岗位，如有急事需要离开岗位时，应经领导同意，并做好工作衔接。

⑥严格遵守比赛纪律，如发现其他人员有违反比赛纪律的行为，应予以制止。情节严重的，应向竞赛组委会反映。

⑦发扬无私奉献和团结协作的精神，提供热情、优质的服务。

十五、申诉与仲裁

本赛项在比赛过程中若出现有失公正或有关人员违规等现象，参赛队领队可在比赛结束后 2 小时之内向仲裁组提出申诉。大赛采取两级仲裁机制。赛项设仲裁工作组，赛区设仲裁委员会。大赛执委会办公室选派人员参加赛区仲裁委员会工作。赛项仲裁工作组在接到申诉后的 2 小时内组织复议，并及时反馈复议结果。申诉方对复议结果仍有异议，可由省（自治区、直辖市）领队向赛区仲裁委员会提出申诉。赛区仲裁委员会的仲裁结果为最终结果。

十六、竞赛观摩

本着开放办赛的方针，本赛项在西餐宴会摆台和鸡尾酒调制专业技能比赛项目中设观摩区。观摩者可进入比赛开放区，体会选手紧张的比赛过程，学习、交流好的主题创意。观摩须知如下：

①根据比赛场地情况，各代表队观摩人员不超过 3 人。

②观摩人员需凭证入场。

③各观摩院校可与各自省（自治区、直辖市）代表队领队联系，观摩证将在各代表队报到时统一发给各领队。其他观摩单位人员可与赛项工作人员联系，并将观摩人数提前告知赛项工作人员。

④观摩人员需遵守赛场规则，服从工作人员管理，保持赛场安静，观摩期间不得大声喧哗，不得使用闪光灯、手机等影响选手比赛的工具。

⑤当观摩人数超出赛场容量时，赛项执委会将根据现场情况控制观摩人员进入赛场。

十七、竞赛直播

为了更好地做好赛事工作的网络化和信息化，更好地向大家呈现比赛盛况，共享比赛精彩瞬间，突出赛项的技能重点与优势特色，为宣传、仲裁、资源转化提供全面的信息资料，赛场内部署无盲点录像设备，能实时录制赛场情况；赛场外有大屏幕或投影，同步显示赛场内竞赛状况。赛项将安排专门人员负责比赛过程、开闭幕式及赛项点评等环节的摄像和录像。通过摄、录像，记录竞赛全过程。

同时，将通过南京旅游职业学院官方网页，全程直播全国职业院校技能大赛西餐宴会服务比赛实况。并及时将赛事动态提交全国职业院校技能大赛官网，进行信息交流与互动。通过多种途径真实呈现大赛的每个精彩画面。

十八、资源转化

①本赛项资源转化工作由本赛项执委会与赛项承办校负责，于赛后30日内向大赛执委会办公室提交资源转化方案，半年内完成资源转化工作。

②赛项资源转化的内容包括本赛项竞赛全过程的各类资源。做到赛项资源转化成果应符合行业标准、契合课程标准、突出技能特色、展现竞赛优势，形成满足职业教育教学需求、体现先进教学模式、反映职业教育先进水平的共享性职业教育教学资源。

③本赛项资源转化成果包含基本资源和拓展资源，充分体现本赛项技能特点。

④本赛项所有转化资源做到均符合《2017年全国职业院校技能大赛赛项资源转化工作办法》中规定的各项技术标准。

⑤制作完成本赛项资源上传 www.nvsc.com.cn 大赛网站。版权由技能大赛执委会和赛项执委会共享，由大赛执委会统一使用与管理。

责任编辑：陈　志

图书在版编目（CIP）数据

固本培元　卓越引领：教育部全国职业院校技能大赛高职组西餐宴会服务赛项成果展示. 2017 / 全国旅游职业教育教学指导委员会主编. -- 北京：旅游教育出版社，2018.10

ISBN 978-7-5637-3846-5

Ⅰ. ①固… Ⅱ. ①全… Ⅲ. ①西式菜肴－餐馆－商业服务－高等职业教育－教学参考资料②宴会－商业服务－高等职业教育－教学参考资料 Ⅳ. ①F719.3

中国版本图书馆CIP数据核字(2018)第229398号

固本培元　卓越引领
——教育部全国职业院校技能大赛高职组西餐宴会服务赛项成果展示2017
全国旅游职业教育教学指导委员会　主编

出版单位	旅游教育出版社
地　　址	北京市朝阳区定福庄南里1号
邮　　编	100024
发行电话	（010）65778403　65728372　65767462（传真）
本社网址	www.tepcb.com
E - mail	tepfx@163.com
排版单位	北京旅教文化传播有限公司
印刷单位	天津雅泽印刷有限公司
经销单位	新华书店
开　　本	787毫米×1092毫米　1/16
印　　张	14.5
字　　数	223千字
版　　次	2018年10月第1版
印　　次	2018年10月第1次印刷
定　　价	62.00元（含光盘）

（图书如有装订差错请与发行部联系）